ANIVERSARIO

CIUDAD UNIVERSITARIA

Facultad de Arquitectura
Coordinación de Humanidades

La arquitectura de la Ciudad Universitaria

José Sarukhán
Mario Melgar Adalid
Xavier Cortés Rocha
Francisco J. González Cárdenas
Lilia M. Guzmán de Ocampo
Carlos González Lobo
Ramón Vargas Salguero
Francisco J. Treviño
José Rogelio Alvarez Noguera
Orso Núñez Ruiz Velasco
Felipe Leal Fernández

José Rogelio Alvarez Noguera
Coordinador Editorial

Universidad Nacional Autónoma de México

1994

Comisión Organizadora
de la Conmemoración del
XL Aniversario de la Ciudad
Universitaria

RECTOR
Dr. José Sarukán

PRESIDENTE
Dr. Francisco J. Barnés de Castro

VOCALES
Dr. Salvador Malo Alvarez
Lic. Fernando Serrano Migallón
Ing. Gerardo Ferrando Bravo
Dr. Gerardo Suárez Reynoso
Lic. Mario Melgar Adalid
Mtro. Gonzalo Celorio Blasco
Ing. José Manuel Covarrubias Solís
Arq. Xavier Cortés Rocha
Mtro. José de Santiago Silva
Dr. Humberto Muñoz García
Dra. Clementina Díaz y de Ovando

SECRETARIO TECNICO
Ing. Gerardo L. Dorantes

Primera edición 1994
© Derechos Reservados UNIVERSIDAD NACIONAL AUTONOMA DE MEXICO
Ciudad Universitaria, 04510, México, D.F.
Facultad de Arquitectura
ISBN: 968-36-4103-2
Impreso y hecho en México

Indice general

Presentación

Mil novecientos noventa y cuatro es un año de celebración para la Universidad Nacional Autónoma de México porque conmemora los cuarenta años de su traslado a la Ciudad Universitaria. Como un homenaje a quienes concibieron la idea de su construcción, a todos los que participaron en ella y a aquéllos quienes, con el paso del tiempo, han contribuído con el enriquecimiento de esta magna obra, múltiple y única, la Facultad de Arquitectura ha emprendido la edición de este libro en el que, desde distintos ángulos y puntos de vista, ocho distiguidos profesores abordan las circunstancias que modelaron la casa principal de la Universidad.

Los últimos cuarenta años han sido , en muchos sentidos, los de la consolidación de la arquitectura de México y la Ciudad Universitaria ocupa un sitio de verdadera preeminencia , como una de las grandes obras de nuestra arquitectura en el siglo XX. Pero más aún, a nuestra casa de estudios se debe un importante número de grandes obras y proyectos arquitectónicos en el país. La celebración de este aniversario se presenta, también, como una ocasión para renovar el espíritu y los propósitos que han animado , desde siempre, a esta institución que en estos cuarenta años se ha visto fortalecida.

La Facultad de Arquitectura, además de formar profesionales de esta disciplina, participa con publicaciones como la presente en la vida cultural de la nación al divulgar los temas de su especialidad y al contribuir con la Universidad en la difusión de su quehacer.

José Sarukhán
Rector de la Universida d Nacional Autónoma de México.

Preliminar

Hace 40 años la Universidad Nacional Autónoma de México se mudó de sus edificios sede, varios de ellos en el ahora llamado centro histórico de la ciudad -como las facultades de Odontología e Ingeniería- a las instalaciones en la Ciudad Universitaria. Al hacerlo consumó un propósito cuya dimensión acaso sólo sea equiparable a la reapertura de la institución en 1910 y a la obtención de su autonomía en 1929.

El progreso de la Universidad, que de muchas maneras ha sido también el del país, se ha fincado en el trabajo de numerosas generaciones de universitarios y, desde luego, en el estímulo que significa alcanzar las metas propuestas. Así parecen sustentarlo las fechas mencionadas: 1910 y 1929, piedras clave en la historia mexicana, en tanto señalan los movimientos sociales relevantes -la Revolución Mexicana y la Guerra Cristera- que habrían de transformar al país y, con él, a la Universidad.

La Ciudad Universitaria, que por las varias razones expuestas en este libro ha alcanzado una muy alta calificación entre las obras cimeras de la arquitectura mexicana, fue una meta por la cual trabajaron decenas de centenares de universitarios distinguidos. A ellos se debe que la Universidad haya cambiado su sede, para mejorar tanto física como institucionalmente a partir del momento en el que se abrieron las nuevas instalaciones.

Esta obra, como lo sugirió alguna vez el rector Salvador Zubirán, fue objeto de un gran proyecto arquitectónico en la medida en que coincidió con el de Universidad que se planteó durante varios lustros, específicamente desde la obtención de los instrumentos que garantizaron su autonomía hasta la formulación, en los años cuarenta, de los planes de desarrollo en los que se ha basado el crecimiento y la consolidación de la institución. Es, en otras palabras, a partir del momento de coincidencia entre el surgimiento de la Legislación Universitaria y la construcción de la Ciudad Universitaria.

En el curso de estos 40 años la Universidad ha crecido en todos sentidos. Asimismo lo ha hecho la Ciudad Universitaria, que ha ampliado sus espacios de manera sustancial. De hecho es una de las Universidades más grandes del mundo. El gran complejo que hoy integran las instalaciones universitarias ha preservado, en lo posible, la zona de construcción original pero también se ha expandido tratando de respetar el medio natural, y con las mismas intenciones de facilitar tanto la docencia como la investigación y la difusión de la cultura.

El espacio que hoy admiramos y disfrutamos los universitarios es parte del patrimonio cultural de la nación y de la humanidad, gracias a la intervención de la UNESCO. A ello obedece la iniciativa de la Facultad de Arquitectura de reunir en este volumen los análisis de distinguidos maestros, con el fin de divulgarlos y ampliar, una vez más, los conocimientos sobre la Universidad.

Nuestro *campus* central sigue siendo un paradigma de las principales propuestas arquitectónicas mexicanas, aun cuando han transcurrido cuatro décadas de su existencia.

Edificios funcionalistas en armonía con el paisaje volcánico y con las expresiones plásticas salidas de los grandes hombres de nuestro arte, en especial manera de la pintura mural, convierten a nuestra Ciudad Universitaria en muestra elocuente de lo que poseemos en las áreas de arquitectura y arte.

La Coordinación de Humanidades, atenta a destacar cuanto contribuya a dar solidez y vigor a los empeños de los universitarios, advierte que la función ordenadora de la arquitectura no se limita sólo a la concepción del espacio ni a la propuesta de símbolos o referencias con los cuales se identifique la comunidad. La arquitectura, en Ciudad Universitaria, ha sido parte fundamental de la imagen del *Alma Mater* que apreciamos los universitarios y con la que, de muchas maneras, se identifica el progreso constructivo de México durante la segunda mitad del siglo XX.

El Doctor José Sarukhán, Rector de la Universidad Nacional Autónoma de México, ha definido con precisión a la Ciudad Universitaria como un espacio admirado por propios y extraños, que logró imprimir un sello distintivo a la ciudad de México y que es orgullo de los universitarios y de los mexicanos. Sirva este libro, junto con los actos conmemorativos de XL Aniversario de la Ciudad Universitaria, como un homenaje a los universitarios y mexicanos que hicieron posible su construcción.

Mario Melgar Adalid
Coordinador de Humanidades

Introducción

Uno de los principales momentos en la historia de la Universidad Nacional Autónoma de México está señalado por la apertura de la Ciudad Universitaria en 1954. Ahora, a 40 años de distancia, conmemorar aquel suceso ha dado lugar a un nuevo momento de interés. Se trata, en efecto, no sólo de celebrar un aniversario más, sino, de fondo, de una oportunidad para recapitular acerca de la íntima relación que se formó entre nuestra casa de estudios y sus instalaciones.

La Ciudad Universitaria, que en el presente volumen es analizada por ocho profesores de la Facultad de Arquitectura, es una obra cuyos valores trascienden los ámbitos de la creación arquitectónica. El conjunto, por razones de la más diversa índole, ilustra, además, buena parte de las circunstancias que modelaron un momento decisivo en la historia de la Universidad.

Consumada la disposición legal que garantizó su autonomía, elaboradas y difundidas las leyes fundamentales que dieron solidez y cohesión a la institución, y, en fin, superados los obstáculos que se le presentaron, la Universidad alcanzó en los años cuarenta un cierto grado de madurez, cuya consolidación recomendaba dejar los espacios en los que había estado confinada.

La intención de reunir a la Universidad en un solo espacio común tenía para entonces varios antecedentes, entre ellos incluso las tesis que algunos alumnos habían presentado para recibirse en una época tan temprana como 1928. Dos años después, el rector Ignacio García Téllez informó de la adquisición de unos terrenos en las Lomas de Chapultepec con el objeto de construir allí los recintos de la Universidad.

La decisión de edificar la Ciudad Universitaria, sin embargo, se tomó hasta 1943, cuando también se eligió el sitio en el Pedregal de San Angel. Las tendencias de desarrollo de la ciudad de México parecían sugerir una localización al sur, del mismo modo que algunas opiniones propusieron aprovechar los rasgos y las características de una zona particularmente singular.

Los proyectos arquitectónicos y su realización, en los años siguientes, tuvieron como fuente y escenario a la entonces Escuela Nacional de Arquitectura. La participación de universitarios hizo propicia la aparición de los más distintos e interesantes puntos de vista, y la enseñanza adquirió un nuevo valor al demostrar su influencia en el campo profesional.

La gerencia general del proyecto y construcción de la Ciudad Universitaria, a cargo del arquitecto Carlos Lazo, tuvo, entre otras, la virtud de advertir pronto que la tarea de proporcionar los espacios para el desarrollo de una nueva etapa en la vida de la Universidad era, sobre todo, la ocasión para consagrar la cultura arquitectónica que esta misma casa de estudios ya había producido y difundido en las aulas y desde los talleres de la Escuela Nacional de Arquitectura en la Academia de San Carlos.

Los equipos de trabajo fueron integrados para desarrollar tanto el plan general de conjunto como cada uno de los edificios de la nueva Universidad. El primero quedó a cargo de los arquitectos Enrique del Moral y Mario Pani, y en los segundos, formados por tres personas, se combinaron la experiencia de los viejos maestros, la madurez de quienes entonces comenzaban a adquirir renombre y el entusiasmo y la imaginación de los jóvenes. Así, co n una visión profunda, seria y comprometida de la arquitectura en México, la Universidad Nacional refrendó su participación en la vanguardia del pensamiento.

Al pasar de los antiguos palacios y otros recintos del patrimonio cultural de la nación a edificios, espacios, áreas de trabajo, símbolos y referencias más acordes con sus funciones, la Universidad dio forma y lugar a una multiplicidad de conceptos entre los que deben mencionarse, sin duda, la consolidación de la etapa de mayor madurez en la historia de la arquitectura mexicana, así como la capacidad de los nuevos ámbitos para convertirse en un resumen de algunas de las aspiraciones culturales en materia de plástica arquitectónica y de equipamiento educativo.

Con estas obras y de diversas maneras, la Universidad afirmó su solidez y, al mismo tiempo, reafirmó el valor de la actuación de las escuelas y facultades que la forman, en particular las de Arquitectura e Ingeniería. En Ciudad Universitaria, y ya integrada la comunidad con sus centros e institutos, quedó establecido, una vez más, que la Universidad asume sin reservas su reponsabilidad tanto en el campo de la concepción del espacio como en el de la construcción.

El sólido apoyo técnico constructivo ofrecido por los ingenieros universitarios hizo posible utilizar terrenos cuya configuración geológica y topográfica se había constituido como un serio obstáculo para su cabal aprovechamiento. Con los sistemas de edificación que propusieron los ingenieros se desarrollaron nuevas técnicas y procedimientos , y no sólo fue posible construir la Ciudad Universitaria sino contribuir, también, al avance de la ingeniería en México.

Con los edificios universitarios, además, se satisfizo un antiguo propósito de la comunidad,   y se estableció prácticamente un compromiso en el sentido de buscar siempre que la arquitectura de excelencia aloje y represente a la Universidad.

Atentos a las características y condiciones de la época, los varios autores de esta justamente llamada Ciudad Universitaria se apegaron tanto al espíritu del conjunto como a las más importantes manifestaciones de la vanguardia: en ese conjunto se expresan con la misma claridad las ideas del racionalismo como las búsquedas del movimiento moderno nacional; ahí, también, se hace ostensible la presencia de la cultura universal del espacio junto a los más destacados ejemplos de respeto y aprecio por los conceptos que han dado continuidad y sentido a la arquitectura mexicana.

La sucesión de plazas y áreas abiertas, la generosidad de las perspectivas, la recreación de claustros y patios, la constancia de la escala humana en interiores, la presencia permanente de la naturaleza, la compañía del agua y de la piedra volcánica, los efectos de los claroscuros, la integración plástica y muchos otros recursos ensayados en estos nobles edificios no sólo ejemplifican un momento cimero de la arquitectura en México sino que definieron, de muchas maneras, el rumbo de esta disciplina en el país en la segunda mitad de este siglo.

La libertad formal, la búsqueda apasionada de lo mexicano y de lo moderno, la posibilidad de verdaderamente aportar nuevos y más sólidos elementos a la expresión arquitectónica, no tuvieron otro límite que el señalado en los planes de conjunto. El apego a aquellas ideas rectoras produjo, con el apoyo de todos los universitarios, uno de los más importantes ejemplos con que el siglo XX contribuirá a la historia del arte de México. Por todo ello, hoy conviene reflexionar acerca de la responsabilidad que los universitarios compartimos en la conservación de estas instalaciones y en el respeto que ha de presidir las intervenciones que se hagan necesarias tanto para el mantenimiento como para la expansión de las áreas y los recintos que nos son indispensables.

La Ciudad Unversitaria, con muchas otras aportaciones que ha hecho la Universidad, ya forma parte fundamental del patrimonio artístico, arquitectónico y cultural de la Nación. El deber de salvaguardar nuestra casa se acrecienta en ocasión de celebrar los 40 años de su funcionamiento al tiempo que guía la publicación de este libro.

La Facultad de Arquitectura contribuye, de esta manera, a difundir entre la comunidad y entre todos aquellos interesados en el análisis de la arquitectura y el arte en México, las observaciones y las imágenes que, a 40 años de su apertura, recogen ocho maestros desde diversos ángulos pero con una visión contemporánea. La misión de la Facultad de Arquitectura no se limita a formar profesionales capaces, conocedores de su Universidad y de su patria: su labor se completa, desde luego, al establecer los procedimientos de investigación y al divulgar materiales originales como los que ahora forman este volumen.

Xavier Cortés Rocha
Director de la Facultad de Arquitectura.

Antecedentes de la Ciudad Universitaria

Francisco J. González Cárdenas

Colegio de San Pedro y San Pablo

Para la Universidad de México hay fechas que han adquirido una gran importancia desde su fundación hace un poco más de cuatro siglos. La primera es la del 25 de enero de 1553; entonces se cumplieron las cédulas ordenadas el 21 de septiembre de 1551 por Carlos V y que fueron firmadas por el príncipe Felipe. En esos documentos se mandaba la creación de la Universidad de México, a la que se dotó con mil pesos de oro de minas al año y con los privilegios y las franquicias de la de Salamanca.

La segunda ocurrió en 1910, cuando se la restituye y se convierte en Nacional gracias a los esfuerzos de Justo Sierra, quien le confiere el propósito que había perdido y olvidado. La tercera es la del 26 de mayo de 1929. Aquel día después de una dura lucha, la casa de estudios logró la autonomía, lo que desde entonces le ha dado un estamento particular. La cuarta es la del 20 de noviembre de 1952, día en que Carlos Novoa dedicó la Ciudad Universitaria con la presencia del presidente de la República Miguel Alemán. Comentó en su discurso que, dada la importancia del hecho, todos los universitarios nos referiríamos a ese acontecimiento como hacían los romanos cuando querían situar en el tiempo un suceso y se referían a la fecha de la fundación de Roma y

San Pedro y San Pablo. Detalle de la puerta

decían "*ab verde condita*". La construcción de la Ciudad Universitaria no sólo marco un hito entre la gente de la Universidad pues también modificó y determinó el desarrollo urbano de la ciudad de México al tiempo de contribuir a modelar la historia contemporánea de la Nación.

La Universidad Nacional, restaurada en 1910, habitó y se desenvolvió hasta entonces en diferentes locales y edificios diseminados principalmente en el centro histórico de la ciudad. Durante 43 años utilizó diversos espacios que fueron adaptados porque, en su mayoría, no habían sido construidos para servir a la docencia y resultaban inadecuados.

Muchos de esos conjuntos, poseedores entonces y ahora de un gran valor arquiectónico y monumental, no cumplían ya con los requisitos necesarios para la transmisión moderna del conocimiento. Valga la descripción breve de la historia y de los rasgos arquitectónicos de algunos de ellos.

La Rectoría, La Escuela Nacional Preparatoria y las dependencias de la administración se encontraban en el antiguo Colegio de San Ildefonso, que comenzó a funcionar en 1618 y dejó de hacerlo cuando los jesuitas, sus fundadores, fueron expulsados en 1767 de los territorios españoles.

Fachada de la Escuela Nacional Preparatoria

Este edificio fue terminado en 1749 según el proyecto de su arquitecto, el padre Cristóbal de Escobar y Llamas. Tiene tres grandes patios rodeados de corredores, pilares cuadrados y arcos, biblioteca y un gran salón, el de actos, llamado "El Generalito". La fachada principal, que da al norte, a la calle de Justo Sierra, es de una gran prestancia: tiene unos grandes paños de tezontle, dos cuerpos separados por una simple cornisa y remata con otra provista con gárgolas. En sentido vertical los paños de tezontle adquieren ritmo por medio de pilastras de cantera de Los Remedios sencillamente molduradas; las portadas también son de canteras del mismo lugar, y de diseños más bien serios y solemnes: la de la izquierda con tres cuerpos, y la de la derecha con dos y un balcón en el segundo, anuncian la adopción del estilo barroco churrigueresco. Las ventanas, de las que se encuentran una en cada paño de tezontle, se abrieron muy altas en el lado derecho para iluminar el salón de El Generalito, lo mismo que en el segundo piso; al lado izquierdo los vanos son altos en planta baja y más bajos y grandes en la superior. Al extremo izquierdo aparecen ventanas en tres pisos, todas con hermosos y profundos marcos barrocos de cantería y con derrames hacia

Anfiteatro de la Escuela Nacional Preparatoria

fuera. Hacia la calle de San Ildefonso entre los años 1909 y 1914 se le agregó un anexo de aliento neobarroco por los arquitectos Jesús T. Acevedo y Samuel Chávez; ese recinto aloja al auditorio Simón Bolivar que luego fue decorado con frescos por Diego Rivera. Después de haber sido severamente agredido e intervenido varias veces para adaptarlo, el conjunto de San Ildefonso ha sido convertido en museo.

La Escuela Nacional de Ingeniería ocupó el Palacio de Minería, uno de los más notables edificios de la ciudad de México y del cual aún se puede enorgullecer. Fue construido por el arquitecto Manuel Tolsá y el costo de la obra

fué cubierto por el tribunal de Minería desde que se comenzó, en 1811, y hasta que se concluyó en 1813.

El Palacio de Minería es un monumento neoclásico de trazo simétrico tanto en planta como en alzado; ocupa una cabecera de manzana y sus fachadas dan hacia la calle de Tacuba, la norte o principal, hacia Filomeno Mata la oriente y al callejón de la Condesa la poniente. Tiene tres pisos al frente, no así el patio principal que tiene dos, como ya se estilaba en la época neoclásica; todo el edificio fue recubierto de cantera gris, de modo que su trabajo de estereonomía es muy importante. 17

Fachada del Palacio de Minería

Los muros del primer piso presentan, sobre un rodapié, seis hiladas con profundas entrecalles, ocho ventanas y cuatro puertas hacia la fachada principal, lo que se repite hacia los laterales, y termina con una moldura corrida. El segundo piso se compone con 12 ventanas balcones, y tableros lisos siguiendo, como en el primer piso, hacia las calles laterales. El tercer piso es casi de la altura de la suma de los dos anteriores y ostenta 14 ventanas balcones, siete a cada lado de la portada principal que sobresale un poco sobre el paño del paramento; entre las ventanas hay en este tercer piso un par de pilastras que arrancan de una cornisa más

sobresaliente y terminan en un entablamento liso que soporta otra cornisa más importante por arriba de la cual se dispuso una balaustrada con tibores anchos y delgados alternados al eje de las pilastras.

Hay tres portadas, la principal al eje y dos bajo la ventana balcón de cada extremo. La principal tiene tres claros cerrados con arcos de medio punto almohadillado y se halla flanqueada por columnas dóricas, dos a los lados y una entre los arcos; abarca los dos primeros pisos y soporta un entablamento y una cornisa que, a su vez, da pie a un balcón corrido. Sobre estos tres claros flanqueados

Escalera en el Palacio de Minería

por pilastras jónicas que rematan con un entablamento también liso hay un gran frontón moldurado que sobresale de la balaustrada otros dos tantos sobre este frontón. Abarcando todo su ancho, y la profundidad de casi la totalidad de la crujía frontal, hay otro piso cuadrado con ventana al frente coronado con otra balaustrada y tibores; remata todo un pedestal con frontón curvo.

El patio principal y la escalera son coincidentes en calidad con las fachadas, especialmente con la principal. El patio fue delimitado con pilares y arcos almohadillados de medio punto en planta baja y columnas jónico-compuestas pareadas en el piso alto. Esos apoyos

soportan arcos escarzanos que sirven de entablamentos, y sobre éstos una cornisa moldurada rematada con la misma balaustrada y los mismos tibores de la fachada.

La escalera es una de las partes más importantes del edificio: comienza con dos rampas y termina en una sola, lo que hace ostensible la precisión de su trazo y el trabajo de cantería. Su espacio continúa el del vestíbulo y el patio los que, a su vez, se unen visualmente a la plaza que lleva el nombre del arquitecto Tolsá.

Este edificio, que es un motivo de orgullo para la ciudad, sirvió durante muchos años a la Universidad y, ahora, restaurado y mantenido

Interior del Palacio de Minería

por la Sociedad de Exalumnos de la Facultad de Ingeniería, alberga a la División de Educación Continua de esa misma Facultad.

La Escuela Nacional de Arquitectura, con la Escuela Nacional de Artes Plásticas, ocupó el antiguo edificio en donde estuvo la Academia de San Calos desde su fundación en 1785. Este inmueble se encuentra en la calle de Moneda esquina con Academia, donde estuvo uno de los primeros hospitales de México, el Del Amor de Dios, en el cual se acogía a los enfermos de males venéreos.

Este edificio fue rentado durante mucho tiempo pues no era propiedad de la Academia.

Aunque hubo algún intento para construir un espacio propio y adecuado según el proyecto del director de Arquitectura de la Academia, Antonio González Velázquez, fue hasta 1842 en que pudo ampliarse sobre secciones adquiridas a las casas vecinas durante un periodo de reorganización.

El patio principal y los paramentos fueron reformados al estilo imperante en la época del neoclásico; a la fachada, compuesta por dos pisos, se le recubrió con sillares almohadillados hechos con argamasa sobre un zoclo de recinto. En el primer piso y sólo sugeridos en el segundo, sin realce entre los dos, aparece

una breve cornisa que da pie a la parte baja de las ventanas superiores de medio punto, a las que adornan figuras míticas y vegetales. En el primer piso hay cinco ventanales rectangulares enmarcados con molduras sobrias. El ventanal de la esquina fue cegado formando un nicho en el cual hay ahora una reproducción del "San Jorge" de Donatello donada por la República Italiana. Entre las ventanas se colocaron cuatro medallones con perfiles de personajes vinculados al arte y al edificio mientras el centro del portón está enmarcado por columnas dobles compuestas que sostienen un entablamento sobrio y una cornisa que sobresale y

sirve de apoyo al balcón central; en éste, el ventanal es más alto y va más adornado con dos medallones más, arriba y a ambos lados.

El patio es también sumamente sobrio y tiene corredores en sus cuatro lados y en sus dos pisos; el primero tiene arcos de medio punto y en los pilares que los sostienen hay adosados otros que llegan hasta la parte alta de la segunda planta, la que ostenta, a su vez, arcos rebajados de tres puntos. Remata arriba una cornisa más sobresaliente y sobre ésta un pretil alto con su propia cornisa y en cada intercolumnio un óculo elíptico enrejado y enmarcado en bajo relieve. Este patio tiene un

Academia de San Carlos

tragaluz abovedado de bella factura que fue proyectado por los arquitectos Manuel y Carlos Ituarte y construido por el ingeniero Arnulfo Cantú, que vivió en México entre 1856 y 1864.

El edificio ha sido restaurado y ahora está ocupado por dependencias de la Escuela Nacional de Artes Plásticas y, en la parte posterior, por anexos de la Facultad de Arquitectura.

La Escuela Nacional de Medicina funcionó en el edificio que ocupó el Tribunal del Santo Oficio de la Inquisición. En 1571, un año después de que comenzara a trabajar el Tribunal en Nueva España, el inquisidor Pedro Moya de Contreras se aposentó en unas casas vecinas a Santo Domingo, lugar en el que posteriormente se construiría el conjunto que ocupó la Inquisición hasta su desaparición en 1820.

A mediados del siglo XVII fueron reformadas estas casas por el arquitecto Bartolomé Bernal y mas tarde, entre 1732 y 1736, se reconstruyeron con una nueva visión de la arquitectura según propuso el arquitecto Pedro de Arrieta, autor del proyecto y director de la obra.

Liquidada la Inquisición, el edificio tuvo diversos usos: fue sede de la renta de la lotería, y su departamento de cárceles fue cuartel;

posteriormente alojó a la Cámara del Congreso General; en 1833 fue el Tribunal de Guerra y Marina, y luego Palacio de Gobierno del Estado de México; en 1841 alojó a la Escuela Lancasteriana "El Sol" y al Seminario Conciliar. En 1854 pasó a ser Escuela de Medicina, con lo que sufrió diversas modificaciones hasta que en 1879 se le construyó el tercer nivel para anfiteatros de disección y se transformó la capilla en auditorio; los dormitorios de los internos se convirtieron en aulas, se creó un observatorio y se abrió un gimnasio bajo la dirección del arquitecto Luis G. Anzorena; en 1929 pasó a formar parte del patrimonio universitario, y en 1933 tuvo una nueva modificación cuando se construyeron un gran auditorio y varios laboratorios.

La Escuela de Medicina permaneció cien años en el antiguo Palacio de la Inquisición y luego se cambió a la Ciudad Universitaria entre 1954 y 1956, a raíz de lo cual quedó en el edificio la Escuela Nacional de Enfermería y Obstetricia. El tercer piso que se le había agregado fue suprimido en 1968 antes de que fuera restaurado por el arquitecto Flavio Salamanca.

El conjunto se ubica en la esquina de Brasil con Venezuela, lugar que se resolvió con 23

Escuela Nacional de Odontología

un ochavo por donde se entra, razón por la que se le llamaba "la casa de la puerta chata". La fachada es de gran austeridad en concordancia con su destino: los paramentos hacia las dos calles presentan paños de tezontle enmarcados con cantería; las ventanas que se desplantan sobre un rodapie de recinto se encuentran enmarcadas en los dos pisos en forma de una H que termina en breves cornisas que soportan balcones o al pretil almenado de la azotea. El ochavo de la esquina es todo de cantería con algunos labrados, y decorado con pilastras poco salientes rematadas con capiteles corintios modificados. A ambos lados de la

puerta principal hay dos juegos de columnas pareadas sobre altos plintos y con capitales corintios decapitados. Continúan arriba dos pilastras a las que rematan tibores y una cartela en cuyo centro aparece el escudo de la hermandad sostenido por dos ángeles que se apoyan, a su vez, en medallones decorados con conchas de Santiago.

Este notable edificio posee un hermoso patio cuadrado con cinco intercolumnas con arcos de medio punto en la planta baja y rebajados en la alta. Las columas son toscanas y sumamente austeras, pero como se entra por la esquina, el arquitecto Arrieta suprimió el

Escuela Nacional de Medicina

apoyo que debiera estar en ese lugar y mediante el artificio de cruzar dos arcos, y en el cruce labrar una clave larga en forma de pinjante, pareciese que la columna fue retirada.

La Hemeroteca Nacional estuvo alojada en lo que fue el templo del Colegio Máximo de San Pedro y San Pablo, institución jesuita creada en 1572 y situada en la calle de Carmen. La Escuela de Jurisprudencia funcionó originalmente en el antiguo Colegio de San Ildefonso y luego en el que fue convento de Santa Catalina de Siena, situado en la esquina de las calles de San Ildefonso y de Argentina.

La Imprenta Universitaria estuvo instalada en Bolivia 17, en un edificio cuyo uso original fue el de vivienda. El Instituto de Investigaciones Sociales, a su vez, se ubicó en la calle de Licenciado Verdad. La Escuela de Economía se encontraba en la calle de Cuba, en un hermoso edificio ecléctico que funcionó hasta 1929. El inmueble se encuentra hoy en manos de la Asociación de Exalumnos de la Facultad de Economía. La Escuela de Odontología y la de Iniciación Universitaria estuvieron en la esquina de las calles Licenciado Verdad y Guatemala, en un edificio construido sobre los restos no totalmente demolidos del Convento de Santa Teresa la Antigua; ahí mismo estuvo también un tiempo la Rectoría antes de cambiarse a Justo Sierra.

25

Academia de San Carlos

Fuera del centro histórico de la ciudad se encontraban otras escuelas, facultades y dependencias entre las que debe mencionarse a las siguientes: El Museo de Geología, en la calle de Ciprés frente a la Alameda de Santa María la Ribera; La antigua Escuela de Ciencias Químicas, en la calle Mar del Norte en la colonia San Alvaro; La Escuela de Medicina Veterinaria, antiguo edificio dominico de San Jacinto, en la calzada México-Tacuba; y el Instituto de Biología, en la "Casa del Lago" del Bosque de Chapultepec; ahí estuvo desde 1929 hasta su traslado a la Ciudad Universitaria en 1954.

El Observatorio Sismológico de Tacubaya, que se encuentra en Victoriano Zepeda, colonia Observatorio, fue construído en 1910 con especificaciones antisísmicas y antivibratorias y continúa funcionando; El Centro de Educación para Extranjeros, que se instaló en el conjunto barroco de la "Casa de los Mascarones" en Rivera de San Cosme, donde antes había funcionado la Facultad de Filosofía y Letras.

La Universidad se encontraba así distribuida en muy diversos recintos de la ciudad y con los problemas que ello aportaba a la coordinación académica y administrativa. Aunque varios de esos venerables edificios de

Instalación de la Universidad en recintos históricos

indudable valor histórico, artístico y arquitectónico fueron construidos con propósitos de docencia otros tuvieron un uso original distinto y tuvieron que ser adaptados. Con el incremento de la población estudiantil y los requerimientos de la educación moderna, todos los inmuebles comenzaron a tener serias carencias en espacio e instalaciones volviéndose totalmente obsoletos para su destino, pues era imposible o por lo menos sumamente difícil, atender las necesidades de los veinte mil alumnos que tenía la Universidad en los años previos a la construcción de la Ciudad Universitaria.

Otro de los problemas que surgieron con este tipo de dispersiones de los diferentes recintos, era la falta de conocimiento entre las escuelas y facultades, circunstancia que conducía en algunos casos a francos antagonismos entre ellas y a una creciente feudalización propiciada por su separación dentro de la urbe; todo, aunque se haya dado en llamar a la zona de San Ildefonso "el barrio universitario".

Carecía también la Universidad de los espacios abiertos para deportes y ejercicio al aire libre necesarios a la juventud que desviaba en muchos casos su energía a la calle, causando

PATRIÆ.
SCIENTIÆQVE.AMOR.
SALVS.POPVLI.EST.

Salones históricos para las funciones universitarias

en ocasiones algunos disturbios estimulados por el mal ambiente de la zona, en la que abundaban cantinas y centros de vicio que ejercían especial influencia entre los alumnos.

En 1928 los pasantes de arquitectos Mauricio M. Campos y Marcial Gutiérrez Camarena presentaron, como tesis profesional, un proyecto de Ciudad Universitaria que se ubicaba en Tlalpan, en los terrenos que hoy ocupa el hospital de Huipulco al sur de la ciudad.

La idea continuó latente y la Universidad llegó a adquirir unos terrenos en Lomas de Sotelo; la Escuela Nacional de Arquitectura, dirigida por Federico Mariscal, realizó un

anteproyecto para un conjunto habitacional para los profesores universitarios, pero la moción no tuvo éxito y los terrenos fueron vendidos.

Siendo rector de la casa de estudios el licenciado Rodolfo Brito Foucher se decidió que el proyecto se ubicara al sur, en el Pedregal de San Angel; así, se procedió a la adquisición con el arquitecto Mauricio M. Campos como el principal promotor de la idea incluso en el Consejo Universitario.

Durante el rectorado del licenciado Genaro Fernández McGregor, la Universidad propuso al Gobierno Federal la promulgación de una

Escuela Nacional Preparatoria

"Ley sobre la fundación y construcción de la Ciudad Universitaria", misma que se aprobó en el Congreso de la Unión el 31 de diciembre de 1945.

El rector Salvador Zubirán consiguió, en 1946, un Decreto de Expropiación fechado el 11 de septiembre de ese año, mediante el cual el gobierno de Manuel Avila Camacho entregaba los terrenos del Pedregal de San Angel a la Universidad. La resolución se publicó en el Diario Oficial el día 16 de abril siguiente y, de acuerdo con ella, el rector Zubirán constituyó la "Comisión de la Ciudad Universitaria". Más tarde se convocó a un concurso y se invitó a participar en él a la Escuela Nacional de Arquitectura, a la Sociedad de Arquitectos Mexicanos y al Colegio Nacional de Arquitectos.

La Ciudad Universitaria en el medio natural

Lilia M. Guzmán de Ocampo

Aulas de la Facultad de Filosofía y Letras

Las grandes obras arquitectónicas y monumentales comparten el atributo denominado "*Genius Loci*". El concepto tiene muchos significados, algunos vinculados con las cualidades, las características y los dones del sitio y, otros, más difíciles de percibir y de explicar, contemplan lo simbólico y lo espiritual.

Las obras en las que la humanidad se regocija, se reconoce y se sublima son aquellas en las que han quedado manifiestos su creatividad, su intelecto y su espíritu. El "*genius loci*" es la magia de un sitio, es el descubrimiento y el encuentro con la belleza natural de un lugar que se expresa en el paisaje: el lugar en el que

el hombre puede imaginar y crear el recinto de su cuerpo y de su espíritu.

El "*genius loci*" es la espectacular identidad entre el emplazamiento urbanístico, la obra arquitectónica y el paisaje reconocida por la humanidad desde Stonehenge y manifiesta en la Ciudad Universitaria de México. Es en el "Pedregal de San Angel" donde se descubre el "*genius loci*", el emplazamiento, la estructura, la forma y la armonía con la que se expresan los elementos y los atributos naturales: la tierra, el agua, la piedra, la vegetación, la fauna, que inspiran a los creadores de la Ciudad Universitaria bajo una luz diáfana, en la "región

Patio del Centro Cultural

más transparente del aire". En la comunión entre la obra de la naturaleza y la obra del hombre reside la grandeza del hacer humano.

El sitio elegido para la construcción de la Ciudad Universitaria fue el conjunto de lava petrificada del Xitle llamado "Pedregal de San Angel". Al aliento templado del clima, en el polvo fértil acumulado y bajo consistentes lluvias, se formaron pequeños valles, crestas y cañadas de roca, y las minúsculas cascadas y corrientes donde han visto la luz una fauna y una flora ricas, diversas, únicas.

Esta es la herencia ambiental de la Ciudad Universitaria, formada a lo largo de milenios.

Es, también, el sitio de Cuicuilco, una de las primeras manifestaciones de la gran cultura de América.

Luis Barragán descubrió en el Pedregal la belleza natural del sitio y se inspiró en ella para lograr una expresión formal y arquitectónica de elementos mínimos que, de manera sencilla, se identifican con su contexto y se le someten resaltando su belleza y, haciéndolo más expresivo. Jerzy Rzedowski estudió a profundidad, y divulgó, los aspectos ambientales del Pedregal consolidando los estudios realizados antes por otros universitarios. Gracias a ellos se establecería la reserva ecológica de

Pso a cubierto en el área de investigación

la Ciudad Universitaria como patrimonio de la Nación.

La belleza del Pedregal no es esplendente ni atractiva a primera vista: es dinámica y cambia de acuerdo a las estaciones del año, pero siempre es modesta, casi tímida: se la tiene que descubrir. En la verde cúpula que domina este delicado mundo reina el tepozán en compañía del encino, el pino, el abeto y el álamo; el color de este estrato está a cargo de los ciruelos junto a los cuales el colorín, la mimosa y el pirul aparecen como huéspedes. En el manto inferior, el aúreo palo loco, la simbólica dalia, los helechos y las bisnagas, las orquídeas silvestres, las pasionarias y los líquenes, son algunas de sus maravillas.

La fauna anima el paisaje: la salamandra y la rana nadan en los pequeños reductos de agua; las serpientes y las lagartijas habitan entre las rendijas de la roca y conviven con murciélagos y musarañas, conejos, ardillas, ratones de campo, zorros y tlacuaches. Mientras, al viento, navegan colibríes, gallinitas de agua, gorriones, primaveras, reyecitos, calandrias, luises, pájaros carpinteros, verdines, paros, cuitlacoches, tordos, golondrinas, vencejos, saltaparedes y halcones.

La belleza del Pedregal es indescriptible: es la belleza a descubrir a cada paso, en cada

Jardín Botánico

Explanada de la Rectoría

cambio de estación y a lo largo del tiempo: su encuentro sólo es posible en un sostenido diálogo. El Pedregal es a primera vista, además, un lugar agreste y agresivo, inhóspito e inaccesible; visto así, superficialmente, se contemplaría lo aparente y podría confundirse como evidente: de la roca parecería más fácil leer la línea de la arista que la redondez del canto, el acento del vértice que el cuenco de la onda; habría que descubrir la razón de la cresta y del fondo de la grieta, la razón de la suave ondulación o de la rugosa superficie.

Para lograr una cabal percepción de este paisaje único, en realidad, es necesario realizar un acto de contemplación y de reflexión pues su valor no es evidente y requiere de una profunda comprensión. En estas condiciones, las características del Pedregal presentan un reto para integrar un concepto que reúna, con el mismo espíritu, la estructuración urbana, la nobleza de lo arquitectónico y la legibilidad de los elementos con el respeto, la continuidad y la exaltación de ese paisaje.

La concepción del espacio en Ciudad Universitaria responde a la necesidad de integrar tres aspectos principales: lo urbanístico, lo arquitectónico y lo paisajístico. Desde el punto de vista urbanístico, el concepto prehispánico

35

Escalera en la explanada de la Rectoría

alentó la afortunada elección de un sitio con gran presencia, con "*genius loci*", en el vasto entorno del pedregal, sobre una extensa plataforma de lava.

La estructura del conjunto se organizó, así, alrededor de un espacio central de convivencia denominado "*campus*", donde también se manejaron, a la manera de los grandes asentamientos ceremoniales, las plataformas, los taludes y las escalinatas. Las primeras generan un movimiento vertical y un desplazamiento horizontal; los taludes, modestos o monumentales, recuerdan las condiciones orográficas del valle, y las soleadas y amplias escalinatas son preludio de la solemne

procesión de espacios, recintos abiertos al sol que confieren vida propia a cada uno de los edificios. El *campus* sería el lugar de la convivencia por excelencia y proveería el sistema peatonal de comunicación interna entre los diferentes espacios educativos; alrededor de este conjunto se organizó el sistema vial que comunicó la Ciudad Universitaria al resto de la ciudad a través de las avenidas Insurgentes y Universidad, primero, y la avenida Revolución que posteriormente fue continuada para rematar en el Estadio Olímpico.

En el contexto de la imagen de la ciudad, la presencia de la Ciudad Universitaria se lee

Instituto de Física

clara y vigorosamente, señalada por el hito vertical de la Rectoría y el contrapunto horizontal del Estadio, cuyas explanadas abren un amplio espacio que la anuncia. Para la congestionada urbe, la presencia de la Ciudad Universitaria es como agua fresca.

En lo arquitectónico, el recinto se forma a partir de la integración de los nobles volúmenes arquitectónicos que guardan el *campus*, con el que han recreado un microcosmos del entorno. La jerarquía se establece entre los diferentes edificios alrededor del volumen de la Rectoría, que se distingue por ser el más alto del conjunto que se

cierra, en el otro extremo, por la Torre de Ciencias.

Los motivos plásticos se expresan en el lenguaje artístico de nuestra raza sobre los limpios muros de la modernidad arquitectónica: símbolos en los que se manifiestan desde Quetzalcóatl hasta Cristo; decoraciones que exaltan las condiciones acuáticas, florales y faunísticas del sitio en el que se asentó la gran Tenochtitlan, al igual que los periodos históricos que se vieron reflejados en la pirámide y en la catedral y, hoy, en la Ciudad Universitaria.

En su diálogo con el paisaje, el carácter formal de los edificios evoca el perfil de las

Estadio Olímpico

sierras que rodean el valle, y acentúan, al oriente, la silueta del Iztaccíhuatl y del Popocatépetl en el ondulante edificio de Ciencias, mientras al poniente se lee el origen tectónico del Xitle en el Estadio. Los edificios manifiestan su contemporaneidad al expresar formalmente la función para la que han sido destinados. La parquedad en el uso de elementos, la sencillez y la claridad estructural, así como la nobleza de sus materiales son otras de sus cualidades.

Los colores del paisaje se evocan en los materiales: aún la gama cromática del país se repite en las miles de piedras de los murales de la Biblioteca y del Estadio. El conjunto es una explosión de belleza por sus contrastes a plena y baja voz; su estructura tiene una fuerte columna vertebral. Su arquitectura es espléndida y sus plazas y jardines se expresan con voz propia, clara y vigorosa en el paisaje. Ejercitando su gran capacidad imaginativa, los creadores de la Ciudad Universitaria unieron su talento en la gran obra: un formidable conjunto armonioso y congruente con espacios arquitectónicos en los que los muros abrazan, las ventanas miran y las puertas besan las espléndidas áreas abiertas.

La fuerza emocional que el paisaje ejerció sobre los creadores de Ciudad Universitaria es

Explanada y conjunto de la Biblioteca Central

tal que el concepto más significativo de la obra es un diálogo alrededor de los espacios abiertos y las áreas naturales. En ellos se lee el pensamiento de Le Corbusier: la libertad del horizonte en el mirar y el deambular; el espacio recuperado en explanadas, plazas, pórticos, patios, terrazas y jardines, diálogo y eco de la naturaleza con la obra.

El espacio protagónico del conjunto es el *campus* a través del cual se da la lectura monumental del conjunto. Corazón de la convivencia universitaria, gran explanada de piedra, osamenta que poco a poco fue cubriéndose con la suave piel del césped, como una

resurrección o tal vez una franca insurrección de la naturaleza, en él, algunos árboles fueron dejados como centinelas de un pasado natural. En el gran espejo de agua se refleja el pasado lacustre del Valle de México: su suelo de roca se repite horizontalmente en las plazas, andadores y caminos, y se multiplica en planos verticales de elegante decoración.

La vegetación se ha elegido por su colorido, que refuerza la imagen natural de los soles candentes, los cielos amplios y luminosos de nubes, las brumas matinales, las lluvias de atardecer y las nieves eternas. La arquitectura de paisaje, en el conjunto, da lugar a la vivencia

que se diluye en sucesión de espacios: las plazas se acercan sutiles a los espacios arquitectónicos, separándose imperceptiblemente del *campus* y, en sus sombras y en sus luces, se emplazan escultóricos personajes. A través de los pórticos, la visión y el espacio se escapan para ser una descubierta y el otro recuperado nuevamente.

En los íntimos patios la integración es más evidente al emerger la piedra que se niega a ser desterrada, junto a la reaparición en escena del tenaz palo loco y de la tímida salamandra. Las terrazas proyectan su visión al paisaje francamente, o se recluyen en claustros cerrados que sólo contemplan el cielo. Imágenes de otras culturas influyeron el diseño hasta hacer irreconocible el sitio; los jardines se reforestaron buscando crear, en breve término, el bosque de eucaliptos que transformó rápidamente el medio.

La oquedad de la roca fue rellenada, las inquietantes formaciones y la bella flora fueron sepultadas bajo una pradera de verde césped que grandes macizos adornaron con sofisticadas flores que compiten, deslealmente, con las bellezas nativas. La falta de sensibilidad y de comprensión hacia este incomparable hábitat, propició su destrucción, poco a poco, a lo largo

Explanada de la Rectoría

de 40 años. Otras voces, más sensibles y coherentes, también fueron escuchadas: Luis Barragán había descubierto la belleza del Pedregal en un momento en que su propuesta estética y ecologista se adelantaba a su tiempo: el aprecio y la comprensión del medio natural eran el concepto que, con sus famosos jardines, enseñaba a descubrir la belleza, a acercarse y a convivir con ella. Barragán inspiró modestos, significativos y evocadores jardines naturales que en principio colaboraron a la protección de lo que, más tarde, y consolidándose los esfuerzos de muchos científicos, sería la reserva ecológica.

A lo largo de 40 años de evolución, y en aras de su desarrollo, la Ciudad Universitaria ha sido dramáticamente transformada. Desde su fundación, debió adaptarse a la enorme demanda estudiantil que superó la capacidad para la que fue planeada y que luego fue ampliamente incrementada con el tiempo.

La integridad del concepto ha sido afectada, no siempre con respeto; poco a poco las necesidades de mayor espacio han afectado el primer equilibrio entre el espacio construido, la obra abierta y el área natural anulando cada vez más a ésta última y disminuyendo el aire vital entre los edificios del *campus* original.

43

Jardín Botánico

Espacio Escultórico

Los espacios académicos, en su crecimiento, también se han desbordado hacia el sur del primer conjunto, generando otro polo urbano. Este nuevo grupo de edificios no se ha concebido bajo el concepto de crear un conjunto entre ellos, pues simplemente se alojan a lo largo de una avenida vehicular: no contemplan un concepto rector ni se ha considerado integrarlos entre sí o con el conjunto original. Se ha manifestado la individualidad y la irregularidad sin encontrar, aparentemente, ningún motivo de inspiración en el propio pasado de la Ciudad Universitaria, no tan lejano aún.

En estos términos, si acaso su mejor cualidad ha sido aislarse del campus original. Triste

voluntad. Por su concepto, aquellos edificios han perdido totalmente el deseo de generar significativos espacios exteriores que, aquí, son definitivamente, los espacios vacíos, sin creatividad. En medio de este caos, una obra rescata el espíritu de la Ciudad Universitaria y vuelve en parte a dignificar el concepto, el Espacio Escultórico, obra monumental erigida para conmemorar los 50 años de autonomía universitaria, que se concibe inscrita en lo que más tarde sería la zona de reserva ecológica. Obra de características arquitectónicas, escultóricas y paisajísticas, esta pieza seguramente marcará un hito en la historia de esas disciplinas.

Frontón cerrado

Aun cuando el concepto de sus creadores consistía en que el Espacio se inscribiera en el paisaje natural, y que desde su medio no pudiera verse ningún otro contexto, su acceso no guarda relación con la composición original.

La comunidad natural que hoy se llama "reserva ecológica de Ciudad Universitaria" fue denominada "*senecio praecox*" (palo loco) por el doctor Jerzy Rzedowski en su tesis doctoral, que ejerció una fuerte influencia para que fuera estudiada y protegida. Antes que ese investigador, la comunidad científica había realizado múltiples y notables estudios e incluso se habían presentado propuestas para que la zona fuera recono-

cida como "parque nacional", aun antes de erigir en esta área la Ciudad Universitaria.

La fundación, en 1983 de la "zona ecológica inafectable" por el doctor Octavio Rivero Serrano, rector de la Universidad, es el primer paso para salvaguardar este pequeño resto del medio, que apenas equivale a un poco más del 3% del área total del Pedregal de San Angel. Este microuniverso, a pesar de lo reducido de su superficie, aún conserva el 60% de las especies de la flora nativa. El animado mundo de la fauna también ha sufrido pérdidas importantes: no vemos más tuzas, comadrejas, coyotes, zorras, linces y venados de cola blanca. La zona de reserva ecológica se ha

45

Explanada la Rectoría

convertido en el último reducto de este maravilloso y único sistema de equilibrio.

El *campus* presenta una cierta decadencia en todos sus espacios exteriores por falta de mantenimiento o por transformación. Aún cuando la problemática debe ser enfrentada en conjunto, es necesario señalar lo que ocurre en el *campus* original y en el *campus* reciente, aprovechando que se encuentran desvinculados: En el espacio original hay una saturación de construcción, que continúa, día con día, eliminando áreas abiertas para ser ocupadas por nuevas construcciones o realizando en ellas plantaciones que transforman el concepto original, como el caso de los liquidámbares situados a un lado del gran espejo, frente a la explanada de la Rectoría, la Biblioteca Central y la Facultad de Arquitectura, que pronto obstaculizarán la limpia vista original.

Estos espacios son objeto de construcción y de inadecuadas remodelaciones y transformaciones dramáticas en términos de la conservación y protección del patrimonio artístico que representa la Ciudad Universitaria. La presencia de la agresión que se vive socialmente en la urbe en estos ámbitos, ha dado como resultado la aparición de rejas en todo el *campus* como medida de control y protección: esto ha producido la desintegración

Circuito Centro Cultural

Volúmenes en el área central del campus

del conjunto, la atomización de los espacios y el aislamiento de la comunidad en guetos.

El impacto del mal entendido respeto al significado del mantenimiento de las áreas verdes, que se concibe como la constante e innecesaria forestación de áreas jardinadas, también ha tenido consecuencias negativas en la transformación de la imagen y la sobre-saturación del suelo que propicia el subde-sarrollo de las especies.

El patrimonio artístico de Ciudad Universitaria comprende la composición urbanística, la integridad arquitectónica y la conservación de la reserva ecológica en el *campus* original. El compromiso de los univer-sitarios, herederos de ese acervo, consiste en planificar en congruencia con el desarrollo, equilibrándolo y limitándolo, y siempre res-petando a las áreas que lo integran. En la zona de reserva ecológica es indispensable complementar la investigación, que es uno de los propósitos por el que fue creada, con planes de manejo y mantenimiento. La trascendencia del patrimonio ecológico de la Ciudad Universitaria reside en la función ejemplar que tiene a los ojos de la sociedad. Los universitarios tenemos la responsabilidad de acrecentar esa cultura de equilibrio con la naturaleza.

El proyecto urbanístico y arquitectónico
Carlos González Lobo

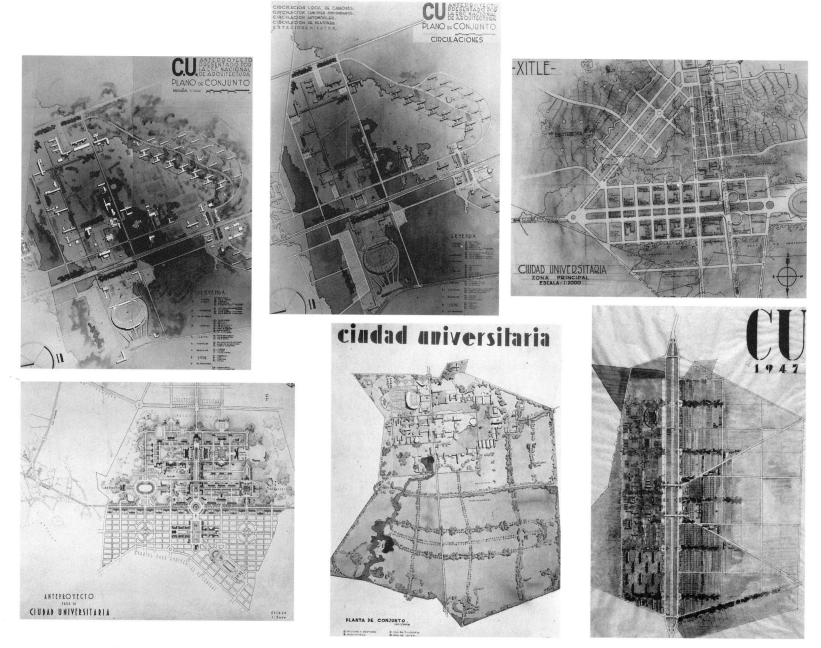

Planos del concurso de Ciudad Universitaria en 1947

Por su función, la Universidad debe crear un conocimiento que se inserte en la realidad con miras a transformarla; para ello las disciplinas académicas deben generar, paralelamente a la docencia y a la investigación, un campo en el que extender el conocimiento (y la cultura) a la opinión y consumo públicos.

La construcción de la Ciudad Universitaria, en parte por ello, ofreció la oportunidad de reestructurar la Universidad misma, pues el doctor Zubirán afirmaba que "antes de proyectar el edificio debe proyectarse la Institución..."

Una respuesta de carácter arquitectónico consistió en que la Escuela Nacional de Arquitectura realizó un concurso de ideas, para el plano de conjunto, entre los Profesores Mauricio M. Campos, Augusto H. Alvarez, Vladimir Kaspé, Alonso Mariscal, Augusto Pérez Palacios, Mario Pani, Marcial Gutiérrez Camarena, Javier García Lascuráin y Enrique del Moral.

Este concurso, cuyo jurado lo constituyeron los propios participantes, se basó en las ideas generales del programa que había definido la "Comisión de la Ciudad Universitaria".

Debido al entusiasmo de los profesores y alumnos de la Escuela por participar en el

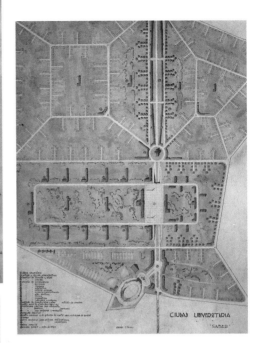

proyecto en cuestión, se determinó que ésta no presentara sólo un Anteproyecto de Conjunto sino que, para precisarlo y complementarlo, se diseñaran todos y cada uno de los edificios que lo integraran. Esto resultaba factible por el gran número de profesores y alumnos de que se podía disponer: en efecto, para el anteproyecto de cada edificio se designó un equipo dirigido por uno o dos profesores, en el que se tomaban en cuenta las ideas de los alumnos más aventajados que, conjuntamente con los alumnos de años inferiores, realizaban los dibujos, de manera tal que el Croquis de conjunto que los directores del proyecto decidieron sirviera de base para el desarrollo del mismo, fue realizado y propuesto por los entonces alumnos Enrique Molinar, de 5o. año, Teodoro González de León y Armando Franco, de 4o. año.

En su concepción mediaron concursos con participaciones de alta calidad (recuérdese el proyecto alternativo del arquitecto Antonio Pastrana) resultaron triunfadores los arquitectos Enrique del Moral y Mario Pani que en base a la participación de aproximadamente sesenta arquitectos y centenares de ingenieros de diversas especialidades, concibieron y ejecutaron la

Espacio Escultórico

obra magna de la arquitectura mexicana de los cuarentas.

La unidad del esquema - *campus* central y los edificios en torno a él, con la actividad científica y la humanística en las alas del este - oeste -, la convivencia de las actividades en torno a un espacio de convergencia (corazón) y un anillo externo para las circulaciones, la ingeniosa disposición de las zonas deportivas (Proyecto de Del Moral y obra de Arai en los frontones), configuraron un intento de aplicación extensa de la arquitectura funcional del Movimiento Moderno a la cultura nacional, como ejemplo recuérdese la vinculación al

paisaje natural al que se integra el eje mayor de CU del Estadio a la Sierra de Sta. Catarina, que ordena una suave y balanceada armonía de volúmenes en que se destaca, amén de las obras cimeras, como Rectoría, la Biblioteca, el Estadio, los frontones o Medicina, la unidad por contraste que las diversas obras, con proyectos singulares adecuados a cada caso, tienen en términos de modulación espacial y volumétrica, acentuada por la cromática y textura de materiales de gran calidad y escaso mantenimiento y por la supeditación de los edificios al esquema central coordinado por Del Moral y Pani. A esto agregaremos la

Torre de Rectoría

integración plástica, herencia cultural del vasconcelismo que la izquierda levantó como proyecto durante todo el periodo posrevolucionario, y que en CU, bajo la administración del Arq. Carlos Lazo, alcanza uno de sus mejores logros: los murales con recubrimientos pétreos de O'Gorman (Biblioteca), las escultopinturas de Rivera (Estadio) y de Siqueiros (Rectoría), el uso de materiales vítreos en las obras de Eppens, Chávez Morado y otros, así como el diseño integrado de jardines al Pedregal de A. Cruz G.

Hoy la Universidad se aloja en un objeto muy especial: la CU, obra urbana de gran valor en lo arquitectónico como conjunto, tanto en la vida cultural que patrocina y permite (recuerde usted su uso en épocas significativas de la cultura nacional próxima), como por la presencia dentro de las artes plásticas del patrimonio nacional del primer conjunto integral de arquitectura moderna, ya que amén de incluir valiosas obras singulares, conjunta toda la práctica profesional de una época: 1946-53.

Dos apartados finales tras esta descripción de lo que significó y pretendieron sus actores.

1- Cabe preguntarnos: ¿Qué representó para la cultura arquitectónica y para el crecimiento de la ciudad de México, entre 1945

Facultad de Química

y 1955, la construcción de la Ciudad Universitaria?

En primer lugar, admitámoslo, con una ciudad que desde 1935 inicia su expansión primero lineal y después fractal (o de relleno entre líneas de expansión) macizando la mancha, el límite del "mal país" denominado Pedregal de Coyoacán y San Angel, era un reto a dominar urbanística y arquitectónicamente.

La generación de arquitectos de los pioneros del funcionalismo en México vio en ello la oportunidad de aplicar lo que en el pensamiento arquitectónico de su época era

la solución urbana moderna: los conjuntos "exentos", o sin predeterminación por la traza manzanera tradicional.

Veámoslo así, ya en la tesis de Marcial Gutiérrez Camarena y Mauricio M. Campos en 1928, primer intento de suponer "una Ciudad Universitaria" como la de Madrid (1927) y los proyectos que para Lomas de Sotelo (allá por donde después se construyó la Secretaría de la Defensa y el Campo Militar) elaborara la Escuela Nacional de Arquitectura bajo la dirección de Don Federico Mariscal y Manuel Ituarte, vemos como aún con organizaciones edificios

Centro de Lenguas Extranjeras

La que fue Torre de Ciencias

"Beaux Arts" ya se prevee tramas urbanas exentas ligadas a algún eje vial y con resonancias de la ciudad jardín de Howard.

Sin embargo cuando se realiza el plan de la CU en el Pedregal 1943-1947, en las postrimerías de la segunda guerra mundial, a las soluciones de Ciudad Universitaria europea y los *campus* norteamericanos se le suman las experiencias urbanísticas de las vanguardias, alemana, soviética y centralmente la lección de Le Corbusier, el que terminaba sus experiencias en Río con Costa y Niemeyer e inciaba Marsella y Saint-Die, las que fueron extensamente difundidas; y el grupo que formó la Escuela Nacional de Arquitectura encabezada por el maestro del Moral, estaba cabalmente empapado de ello, así que como Gutiérrez Camarena, José Luis Cuevas y los jóvenes Homero Martínez de Hoyos y Domingo García Ramos, quienes fueron los autores reales de la propuesta urbana final.

Sus méritos más destacables fueron el concebir la oportunidad como un "Campo experimental arquitectónico"; destaco:

a) La solución a proyectar "en el Pedregal", que es por demás exitosa; articulando el diseño de conjunto a las masas de roca (ver croquis de del Moral).

Facultad de Medicina

b) Realizando un conjunto exento, como una ciudad satélite de la de México que articula y continúa la trama vial urbana "salvando el Pedregal", que rápidamente se "realizó como terrenos para la ciudad": Copilco y San Francisco; o Jardines del Pedregal y San Jerónimo, para la ciudad pobre y rica respectivamente.

c) Logro un "momento cultural" para la adopción "*sui generis*" de la arquitectura moderna, que E. Yáñez señala como de "conciliación de la arquitectura funcional mexicana" integrando las corrientes del funcionalismo ortodoxo (Villagraniano), con las del funcionalismo radical (O'Gormaniano). Este

momento se caracterizó por la fusión en un estilo o escuela arquitectónica que asumía las tendencias formales y lingüísticas del movimiento moderno, con los hallazgos y cualidades de la cultura nacional que desarrollaba la posrevolución mexicana.

Surgió así el uso del muralismo: Integración plástica, manejo del paisaje (a la Teotihuacán) y el uso de escalas y texturas propias de los antecedentes culturales prehispánicos en afortunada simbiosis; también es de destacar la adopción del color y su versión naturalista: colores que no se intemperizan en piedras y cerámicos vítreos.

Poniente del campus

Recuérdense simultáneos los experimentos urbanos del Pedregal con Luis Barragán y Max Cetto (primera casa en el fraccionamiento, 1949, y sus aportaciones al arte urbano), la obra de reacomodo para los ejidatarios en Copilco el bajo realizada por el arquitecto Antonio Pastrana y su notable traza orgánica "de racimo" con sus viviendas policromas y con crecimientos previstos y su equipamiento en la espina dorsal del racimo.

Sin embargo es en la Ciudad Universitaria, que en rigor produjo las dos experiencias antes apuntadas, que se abrió un amplio aspecto experimental algunos de cuyos resultados aún aprovechamos.

El concebir un conjunto de masas que no se interfiere con la vialidad general de la ciudad que atraviesa la CU y la percibe como espectáculo artístico urbano (y aún lo sigue siendo, excelente).

El sistema circulatorio en una sola dirección con retornos y pasos a desnivel que aún hoy sigue siendo un deleite utilizar, pese a la brutal alteración que la masa de vehículos estacionados (imprevista en el proyecto original) genera.

La recuperación de un paisaje natural que con los edificios "hito", recrean una peculiar y emocionante forma de celebrar el valle de México en el Pedregal. Frontones, estadios y 59

Facultad de Médicina

el *campus* desde Rectoría al Cerro de la Estrella y hoy como herencia el Espacio Escultórico.

2. Cabe por último analizar qué pasa hoy en esa Ciudad Universitaria brevemente: Características de la Ciudad Universitaria, en la descripción sucinta de Enrique del Moral:

La construcción de la Ciudad Universitaria dió la oportunidad de realizar una gran obra en la que había un proyecto de conjunto que regía y normaba los proyectos relativos a los edificios que la integraban. Esta oportunidad fue aprovechada para llevar al cabo una serie de ideas por primera vez en el México moderno.

Las características tan especiales del lugar influyeron para que los edificios que se construyeron expresaran lo peculiar, no sólo de México, sino del terreno escogido en el Pedregal de San Angel.

No se dudaba que se debía expresar que la obra se realizaba en 1950, es decir, que correspondía al movimiento y las tendencias de la arquitectura mundial en ese momento, pero sin olvidar que también debía percibirse que lo realizado recogía y expresaba las condiciones culturales, sociales, económicas y físicas de México. Es decir que la Ciudad Universitaria debía ser una expresión

Facultad de Ingeniería

Fcultad de Química

de México en su tiempo, pero así mismo de su circunstancia: una interpretación de la modernidad realizada por México en México.

Se pensó en el uso de materiales de la región, como la piedra volcánica, que obligaron a expresiones "rudas", pero típicas de México, y a contrastes bruscos de acabados como vidriados con los rugosos. Se buscó contraste, también, entre tratamientos modernos sofisticados de estructuras de concreto con los realizados de piedra aparente, en donde la obra de mano resulta predominante.

Se utilizó para el conjunto la "super manzana" en la que la circulación vehicular periférica permite el uso exclusivo por el peatón de los grandes espacios delimitados.

Se llegó al detalle de eliminar la rampa como elemento de composición del conjunto sustituyéndola por la escalinata, ampliamente utilizada, porque tiene una clara relación dimensional con el hombre y logra contraste de luz y sombra en sus escalones, características que no tiene la rampa.

Reconquista del espacio por el peatón

En la Ciudad Universitaria el vehículo circunscribe siempre el espacio que se deja libre al peatón, ligando con pasos a desnivel las diferentes zonas entre sí. De esta manera, la gran

Facultad de Médicina

Escalinata en la explanada de Rectoría

superficie ocupada por la Ciudad Universitaria -dos millones y medio de metros cuadrados- puede ser recorrida íntegramente por el peatón sin cruzarse nunca con un automóvil.

Los accesos a los edificios

Los accesos a los diferentes edificios de la Ciudad Universitaria son siempre periféricos y se localizan con plena libertad en los lugares más convenientes, prescindiendo de toda idea de monumentalidad. La arteria de circulación de vehículos llega siempre sin cruzamiento alguno al estacionamiento y de éste se pasa a una zona de dispersión que se conecta con la entrada del edificio.

Los desniveles

Los desniveles y accidentes del terreno fueron de gran valor y de importancia determinante para la composición; permitieron destacar y valorizar algunos elementos y afinar las proporciones de los espacios abiertos limitados físicamente su tamaño o reduciéndolos visual y psicológicamente.

Las grandes dimensiones exigidas por los edificios que integran el conjunto tendían a configurar espacios abiertos que sobrepasaban la relación deseable con la escala humana y ello motivó cuidadosos estudios y ensayos para la correcta modelación del *campus* por medio de una importante reducción de sus proporciones.

Rectoría

Patio en el área de Humanidades

Se acentuó con franqueza el desnivel del terreno por medio de muros de contención y escalinatas. Pudo así limitarse y subdividirse el espacio de una debida zonificación lográndose subrayar y enfatizar la composición al articular espacios y edificios. Los muros de contención de la Ciudad Universitaria, todos de piedra volcánica del mismo Pedregal, adquieren valores plásticos muy diversos: en ocasiones forman un límite claro y definido, como en la plaza alta de la Rectoría y en otras sirven de basamento y liga, como sucede en el conjunto de edificios de Humanidades, en el norte del campus.

Pavimentos

Se aprovecharon los pavimentos como importante elemento en la composición general, diferenciando su material, color y diseño para unir o separar según conviniera los espacios del conjunto.

En las plazas, los pavimentos de ladrillo prensado con juntas de piedra volcánica forman grandes cuadros; en otras partes se combina el piso de piedra y pasto con juntas de concreto rojo. En general, se han utilizado los pavimentos según el uso a que se destina, resolviendo su función, pero al mismo tiempo aprovechando el valor plástico que pueden suministrar. Así, el pavimento de los pórticos de Humanidades es

65

Facultad de Química. detalle de mosaicos

uniforme para acentuar la unidad requerida y se extiende bastante fuera de ellos enfatizando la función de exterior e interior.

Pintura y escultura

Es tradicional en México el empleo de la pintura y la escultura en sus edificios. En este siglo ha tenido un gran auge la pintura mural mexicana por ello en la Ciudad Universitaria se tomó en cuenta esta tradición, dando importancia a la colaboración entre los arquitectos y los pintores y escultores. En efecto, las diferentes expresiones plásticas a la arquitectura, previendo para ello espacios y superficies, creadas exprofeso, en donde se ubican esculturas y murales. Esta postura se diferenció de lo que hasta entonces se había hecho: "acomodar" los murales en edificios ya construídos de otras epocas. El caso más notable sin duda es la Biblioteca Central obra del arquitecto y pintor Juan O'Gorman.

Ciudad Universitaria
Primacía de la ética y la planeación

Ramón Vargas Salguero

Fachada sur del edificio de Rectoría

Ciudad Universitaria se nos manifiesta como una realización cimera, osada e inaugural enclavada en el momento en que el declive del proceso revolucionario conduce al país a una etapa histórica distinta.

Justipreciar el proceso de su incubación así como los resultados a que llegó gracias al concurso hasta mesiánico de todos cuantos participaron de cerca y lejos en su realización, exige asumir con absoluta claridad que, como su nombre lo indica, se trataba cabalmente de fundar una nueva ciudad con los correlatos de toda índole que ello implicaba en las circunstancias nacionales dadas. CU constituye la primera oportunidad en la historia de la arquitectura nacional en que se aborda un tema de amplitud y complejidad sin contar con antecedentes a partir de los cuales fuera posible allanar el camino y sortear los escollos. De aquí el calificarla, sin ditirambos pero también sin ambages, como una osadía inaugural.

Igualmente es expresión de osadía inaugural hacer concurrir en su proyecto y edificación a tendencias y corrientes arquitectónicas y plásticas de cuño diverso y hasta contrapuesto que, sin embargo, no era posible ni prudente excluir o soslayar. Por el contrario, parte nada despreciable de la trascendencia

Biblioteca Central

Facultad de Ingeniería

del hecho histórico que se estaba gestando, dependía, justamente, de abordarlo como una empresa colectiva, universitaria y nacional.

Enfrentar la novedad, ir hacia adelante inventando y creando organismos y, sobre la marcha afinar ideas, pulir diferencias e instar a compartir responsabilidades a quienes no lo habían hecho antes, queda patente en la ambivalencia con que se muestra Ciudad Universitaria. Ambivalencia propia de las empresas que, como ésta, inauguraba caminos y derroteros en distintos campos de acción con los titubeos y traspiés propios de

pioneros impulsados por el afán de materializar una vieja aspiración social.

En efecto, contar con una ciudad universitaria era una idea enarbolada, de tiempo atrás, por algunos de los funcionarios más estrechamente vinculados con el campo de la enseñanza. Es más, tanto por el momento en que por primera vez consta que se informó acerca de los pasos emprendidos en favor de su consumación, como por quienes empezaron a difundirla, bien podemos establecer su genealogía: se trataba de un propósito producto de la inquietud que se dejaba sentir acerca del papel que la educación superior debía

Torre de Rectoría

Aulas en el que fué complejo de Ciencias

desempeñar en la consolidación del proceso revolucionario mismo. Dotar a la máxima casa de estudios del país, y no pocas veces contrapuesta y rebelde a las políticas gubernamentales, de los espacios adecuados para realizar su trascendente función, era, a no dudarlo, una de las medidas obligadas. Y, vaya si la Universidad necesitaba esos espacios: la Universidad necesitaba nuevos y más adecuados espacios. Y si bien podría contar con ellos construyendo nuevas escuelas, todos estaban convencidos de que debía optarse, sin más, por una ciudad escolar. De lograrse ésta, además de disponer de aulas adecuadas, se

pondría un coto a la dispersión, el aislamiento que recluía a los profesores y alumnos impidiéndoles interaccionarse de manera más fluída e intensa. Por otra parte, la concentración de los recursos tanto humanos como físicos se reflejaría en una elevación del nivel académico. Sí, la idea de una ciudad universitaria se veía fructífera. Pero todavía era solamente una idea, una vaga y nebulosa idea, que si no había sido suficientemente delineada mucho menos había dado lugar a un proceso de planeación acerca de cómo debía llevarse a cabo. Y así pasaron los años. Y cada nuevo rector retomaba la idea, pero el propósito no pasaba de ahí.

Pabellón de Rayos Cósmicos y otros espacios frente a la Facultad de Medicina

¿Para qué ir más adelante si ni siquiera se concretaba la disposición gubernamental de proporcionar los espacios adecuados? La idea no moría, pero tampoco lograban madurar las condiciones materiales suficientes para llevarse a cabo.

La situación varió notablemente en el régimen avilacamachista.Por fin las instancias gubernamentales parecían bien dispuestas a proporcionar los recursos mínimos indispensables a fin de que la vieja idea cobrara forma de realidad. Recursos con los que, por supuesto, no contaba a Universidad que hasta ese momento había subsistido en medio de

penurias más o menos graves. Al tomar posesión como rector, el doctor Zubirán ofreció proseguir las gestiones relativas a Ciudad Universitaria (1946). Y así lo hizo.

En marzo de 1946 integró la Comisión de la Ciudad Universitaria con las siguientes personas: "por la Universidad el arquitecto Enrique del Moral; el doctor Fernando Orozco por la Secretaría de Educación Pública; por Hacienda el licenciado Emigdio Martínez Adame; por el Gobierno del Distrito Federal el arquitecto Carlos Obregón Santacilia y por Salubridad y Asistencia el arquitecto José Villagrán García". Por supuesto, Zubirán no podía dejar de

Instituto de Física

presidir la Comisión: era el rector, le correspondía fungir como motor de la propuesta y, cuando fue electo para presidir la Universidad, acababa de impulsar un salto histórico en la arquitectura nosocomial organizando en la Secretaría de Asistencia Pública el primer plan de hospitales del país (1942-1943). En consecuencia, pocos que contaran, como él, con los atributos adecuados para encabezar una empresa de la envergadura implícita en la planeación y construcción de Ciudad Universitaria.

Y, ¿quién había sido el otro pilar de ese plan hospitalario? Pues nada menos que

Villagrán, cuya inclusión en esta otra Comisión no es accidental. Seguramente fue iniciativa del propio Zubirán. La participación de Enrique del Moral, el profesional más joven de quienes la integrarían, derivaba de su carácter de director en funciones de la Escuela Nacional de Arquitectura, pero también del hecho de que había sido otro de los miembros del Seminario de Estudios Hospitalarios organizado por Zubirán y Villagrán para llevar a cabo la planeación de hospitales en México. O sea, que de los seis que integraban la comisión, tres tenían en su haber una primera y segunda extraordinaria experiencia en planeación,

El conjunto de Ciudad Universitaria

porque Villagrán y del Moral, por su parte, también habían sido partícipes en un segundo plan nacional: el que dio nacimiento al Comité administrador del progama federal de construcción de escuelas. Sin duda alguna, ambos conformaron la mancuerna con que la Arquitectura de la revolución mexicana cerraba con broche de oro su larga marcha predicando "no una estética, sino una ética profesional, la de una arquitectura que primero conozca a fondo su problema y después alcance su solución" (Villagrán). Eran, pues, los tres, de los más indicados para emprender otra nueva hazaña. Y así lo hicieron. Recordarla es revivir una gesta.

¿Qué escuelas integrarían la nueva ciudad escolar? Era claro que CU no era la mejor localización para las escuelas de medicina, odontología y veterinaria. El sitio idóneo para las dos primeras era al lado de los hospitales, esto es, en el Centro Médico que ya estaban proyectando Pani y Villagrán. Ahí, al lado de los enfermos y de la investigación, era el lugar adecuado de los estudiantes. ¿Médicos de pizarrón? Nada de eso. Veterinaria, por su parte, exigía otro tipo de terrenos, aunque si se llegara a contar con espacios suficientes podría, tal vez, incorporársela. No había dudas, por el contrario, acerca de la necesidad de integrar a

75

Humanidades

Rectoría

todos los institutos, pero sí en la presencia de una o varias bibliotecas y, en todo caso, de la clase de acervos de que dispondría cada una. Pero, además, era indispensable pensar en llevar a cabo una rigurosa encuesta con todos y cada uno de los directores de escuelas y facultades a fin de elaborar los programas específicos. Por otra parte, ¿debía organizarse cada entidad como escuela independiente o tal vez fuera deseable por medio de departamentos?. ¿Y qué decisión acordar acerca de posibles museos, o del observatorio?, y ¿qué del equipamiento adecuado?, ¿cuál era este? Y, para subsanar el problema de la distancia y de

la vialidad y accesibilidad, ¿estaría indicado pensar en zonas de habitación para profesores y alumnos? ¿Aquellos en casas unifamiliares y estos en viviendas colectivas como las que estaban empezando a hacer Pani con los multifamiliares? Qué de preguntas de tan difícil respuesta se planteó esta comisión, apremiada por la conciencia de que de su planeación dependía en buena medida, la correcta proyectación posterior de cada uno de los edificios! Para enfrentar tal cúmulo de problemas lo mejor era organizarse en comisiones restringidas: en la de "ubicación" Obregón, del Moral y el Dr. Orozco; en la de "programas y

Espejo de agua al poniente del campus

edificios" Villagrán y del Moral y en la de "financiamiento" Martínez Adame y del Moral. Mucho avanzaron, en el lapso de cinco meses, cuando en agosto de ese mismo año, se aprobó, con dudas y reticencias pero de manera unánime, que se aceptaran los terrenos del Pedregal de San Angel, tal y como lo habían propuesto el "Arq. (Mauricio M.) Campos, Arq. (Carlos) Contreras e Ing. Mascanzoni e Ing. Alvarez". A partir de este punto fijo pudieron determinarse los costos de la urbanización, la necesidad de perforar un pozo que surtiera el agua necesaria así como el sistema de drenaje que se proyectaría, la conveniencia de prever

las vías de comunicación adecuadas y el monto de los recursos económicos atingentes. De igual forma, pudo planearse tanto la realización de un primer anteproyecto al que se invitaría a dos entidades básicas: a los arquitectos profesores y para no hacer menos a nadie, a quienes pertenecían a la Sociedad de Arquitectos Mexicanos. También se designó a los jurados de este primer concurso: Federico Mariscal, Guillermo Zárraga y Enrique Yañez.

Una vez decidido el emplazamiento de la nueva ciudad y recibidos los terrenos por Zubirán y contando con la seguridad de dotarlos con la infraestructura adecuada; habiéndose

77

Frontón cerrado

Detalle de la explanada de Rectoría

resuelto los edificios que la integrarían y elaborados los programas arquitectónicos de cada uno; sorteados los problemas relativos al financiamiento de las obras y dispuestos todos a coadyuvar a que los espacios con que ahora contarían fueran un estímulo más para refrendar los puntos de principio que normaban a la institución; es decir, ratificando consensualmente que "...la Universidad sea auténticamente mexicana... que como Institución esté intimamente vinculada a los problemas nacionales y que en ella (..) fructifique el espíritu universitario...", y convocado y realizado el concurso, la Comisión había

cumplido el rol que le tocó desempeñar. La etapa de la planeación de Ciudad Universitaria había sido finiquitada hasta donde los límites impuestos por las condiciones objetivas y subjetivas concurrentes en ella lo permitían. Tocaba ahora a los arquitectos que la conformaron integrarse a los distintos equipos de trabajo que se harían cargo de cada uno de los proyectos y, con todos los demás, pasar a la segunda etapa. Era el momento de la proyectación y construcción.

El desarrollo de esta segunda etapa ha sido más investigado. Sus resultados son más o menos conocidos. El primer concurso lo

El campus

ganó la Escuela Nacional de Arquitectura y ella organizó el segundo y definitivo. Sin embargo, no está por demás traer a colación algunos de los aspectos positivos más descollantes propiciados y perseguidos en este proyecto y a través de él.

La realización y selección del proyecto definitivo mediante un concurso abierto permitió que se manifestaran propuestas que de otro modo no hubieran aflorado: el proceso de asignación de proyectos arquitectónicos se democratizó. Se llamó a participar en dicho concurso a los profesores y alumnos de la Academia de San Carlos: la enseñanza se

vigorizó al vincularla a la realidad. Fueron las instancias idóneas, los colegios y comisiones *ad hoc* de profesores, quienes entusiastamente se responsabilizaron de elaborar los programas general y particulares de cada una de sus sedes, convirtiéndose en coautores: el proceso de producción arquitectónica se socializó. En la conformación de los equipos de trabajo a los que se les encomendaron los proyectos definitivos se tuvo el cuidado de conjuntar arquitectos ya consagrados con otros cuya práctica profesional era menor y unos más que recién se iniciaban: la experiencia se compartió. Las formas espaciales en que ello se tradujo,

79

Anexos de la antigua torre de Ciencias

sintetizaron los aportes de las corrientes cosmopolitas con las nacionalistas y regionalistas locales, lo que abrió la puerta para que fácilmente pudieran converger con las tendencias pictóricas y escultóricas del muralismo mexicano: ¿resultado? una de las obras prototípicas de la integración plástica. El sólido apoyo técnico constructivo hizo posible utilizar terrenos cuya configuración geológica y topográfica había puesto serios obstáculos a su empleo para fines habitacionales en sentido amplio: la técnica constructiva avanzó. Las distintas escuelas y facultades se encontraron compartiendo un mismo espacio por primera vez: el espíritu universitario se consolidó. Se dotó a todos los edificios de las instalaciones y equipos más adecuados: la enseñanza mejoró. De este modo, la concurrencia de muy diversos sectores sociales en la realización de Ciudad Universitaria, la eficiente organización con la cual se hizo posible la armonización de todos ellos en pro de un fin común, así como las elevadas miras con que en todos sentidos se proyectó y llevó a cabo, sentaron un precedente histórico nunca repetido: primacia de la ética y la planeación en la realización arquitectónica.

Esta segunda etapa de la realización del pretérito y acariciado anhelo, sin embargo, vio

El campus y la Biblioteca

con cierta sorpresa que convergían en ella otras corrientes de pensamiento que venían desenvolviéndose con bastante antelación y que exigían ser tomadas en cuenta en la magna obra. Se trataba de los pintores y escultores inscritos en la escuela mexicana de pintura y mismos que habían dado a luz de manera un tanto cuanto informal el movimiento bautizado con el nombre de integración plástica.

En la larga marcha hacia la creación de una arquitectura propia y en una primera etapa con traspiés, virajes y recaídas for-malistas, pero procurando contenerse hasta tozudamente en las modalidades del vivir y convivir vigentes, ya que esa era la vía específica por medio de la cual cristalizaría nacionalidad y modernidad en la arquitectura, un buen número de arquitectos fueron rescatando distribuciones, sistemas constructivos, materiales, sentidos decorativos y calidades propias del espíritu de las formas tradicionales. En las obras de Juan Segura, Carlos Obregón, Juan O'Gorman, Alvaro Aburto, Antonio Mu-ñoz, Mario Pani, Enrique Yañez, Raúl Cacho y varios más aparecieron indistintamente concepciones espaciales ligadas a la tradición, así como mosaicos, aplanados con texturas múltiples, herrería, vitrales, murales y

Frontón cerrado

esculturas. En varios de estos casos colaboraron con ellos algunos de los más prestigiados pintores, como fueron José Clemente Orozco, Diego Rivera y David Alfaro Siqueiros. Ahí quedaron, como antecedentes dignos de ser proseguidos, sus murales en el Hotel Reforma y en la Escuela Normal de Maestros, en la sede del Sindicato Mexicano de Electricistas y en el Hospital La Raza, para recordar algunos de los más sobresalientes.

En su propósito de dar a luz una arquitectura propia, cuya raigambre nacional emergiera de la contención a la peculiaridad de los problemas propios, así como, y en no escasa medida por el interés del aparato gubernamental en difundir en los edificios públicos mensajes relativos a sus antecedentes revolucionarios, algunos arquitectos se vieron llevados a "integrarse" con los pintores y escultores. Esta fue la primera vía de acercamiento que poco tiempo después habría de rendir frutos más consistentes. Un efecto secundario pero no menos importante estriba en que acercó a aquellos a la influencia ideológica de los pintores, marxista leninista principalmente, que en esto llevaban largo camino andado.

Antiguo complejo de Ciencias

El campus central y la Facultad de Arquitectura

Una segunda vía por medio de la cual se persuadió a los arquitectos acerca de la posibilidad de "integrar las artes" fue motivada por el convencimiento de que el éxito alcanzado por Le Corbusier y Gropius, Portinari y Niemeyer, Rivera y O'Gorman, Villagrán y Arai y hasta el de Pani y la ICA, se explicaba en gran parte por el estrecho vínculo establecido entre profesiones o especialidades distintas, lo que llevaba al enriquecimiento recíproco. Era la fecundidad de este vínculo, la reunión de los arquitectos con los pintores, escultores, ingenieros y hasta con los filósofos, lo que facultaba el encuentro de soluciones más

orgánicas y, por lo tanto, vivas, asentó Raúl Cacho en el primer número de la revista *Espacios* (1948). La "nueva arquitectura viva mexicana" surgiría de ese enlazamiento interdisciplinario. La presentación de los proyectos de Ciudad Universitaria (1947), sin duda alguna el conjunto de mayor envergadura que se hubiera emprendido hasta ese momento en México, brindó la mejor oportunidad que pudiera haberse imaginado para que el lazo entre arquitectos y artistas se estrechara. Fue con motivo de esa oportunidad que los pintores modificaron su exigencia de que se les encomendaran murales, a secas, como antes,

Biblioteca Central

insistiendo en vez de ello en la factibilidad de procrear la "segunda etapa del muralismo mexicano", como la llamara Chávez Morado. Una nueva etapa en la historia del arte: la de integración plástica. Integración que era perfectamente observable en todas las grandes épocas y momentos estelares de la historia del arte. En todos ellos las artes habían estado integradas dando lugar a un valor exponencial que no sumaba sino potenciaba el valor de cada una por separado.

La dialéctica de sus trabajos previos los llevaba hacia la integración. Si bien en un principio los muros de vetustos edificios, coloniales no pocos de ellos, habían dado cabida a la pintura mural permitiendo así que cumpliera su cometido social al convertirse en vehículo idóneo para consolidar la conciencia histórica de la sociedad, saltaba a la vista la discrepancia de principio entre una pintura revolucionaria en sus temas, en sus técnicas y en el género que abordaba respecto de los sitios en los cuales de depositaba. Estos últimos, si bien eran públicos en su acceso, no eran los más indicados para aquellos mensajes pictórico políticos. Una pintura revolucionaria sólo era compatible con una arquitectura igualmente revolucionaria en la que desde el proyecto

Centro Cultural

mismo se previera la participación de las demás artes, superando así la yuxtaposición, para transitar hacia una nueva forma de arte.

La sociedad nunca se propone más que aquello para lo cual ya cuenta con los medios para llevarlos a cabo, dijo Marx. Y, efectivamente, cuando se presentó Ciudad Universitaria, un grupo de pintores y arquitectos estaba listo. Es sumamente significativo que en ese primer número de *Espacios*, colaboraran algunos de los más destacados participantes en lo que posteriormente se conoció como Movimiento de integración plástica: O'Gorman, Cacho, Guillermo Rosell, Lorenzo Carrasco,

Siqueiros y Chávez Morado. ¿El tema de la revista? Bien puede decirse que destacaban notoriamente los ensayos que directa o indirectamente versaban sobre la factibilidad de llevar a cabo la integración plástica. El de Cacho se refirió a la "Arquitectura viva mexicana", el de Siqueiros "Hacia una nueva plástica integral" y el de Chávez Morado "En busca de la nacionalidad".

Estas coincidencias no podían ocultar, sin embargo, las diferencias profundas que mediaban entre ellos, pese a que en el pasado algunos compartieron puntos de vista y asumieron anhelos de manera conjunta. Tal era el

Facultad de Medicina

Facultad de Ingeniería

caso de Raúl Cacho, quien sin duda fué uno de los arquitectos con mayor presencia política en las lides de los tiempos y uno de los fundadores de la Unión de Arquitectos Socialistas de tan fugaz como rica presencia en el medio profesional. No sólo a título de personas sino de representantes oficiosos de sus respectivas profesiones, la conjunción de esfuerzos que propugnaba Cacho no parecía ir más allá del enriquecimiento plástico estético que podía alcanzarse mediante ella. Algo a todo punto distinto del arte de contenido humanista "dirigido a las grandes capas sociales mexicanas para enseñarlas, conmoverlas y conducirlas a la lucha por los intereses nacionales y del grupo social al que pertenecen", que propugnaban Siqueiros y Chávez Morado. Para este último, además, el país estaba en el umbral de vivir un nuevo momento de integración nacional, respecto del cual la colaboración de los distintos artistas formaba parte de esa "línea defensiva y de consolidación nacional". Estas divergencias, hay que anotarlo, no fueron obstáculo suficiente para impedirles proseguir en pos de la integración plástica. La colaboración recíproca era una necesidad para desentrañar conjuntamente el contenido verdaderamente nacional y, por lo tanto, uni-

Aulas en Humanidades

versal, de su arte. Asumiéndolas, abordaron su participación en Ciudad Universitaria. Su inserción también constituía una osadía inaugural. ¿Hasta qué punto estaban suficientemente preparados para abordar un proyecto integral? Los arquitectos estaban profundamente imbuídos por el punto de vista que sostenía que las artes se legitiman únicamente cuando alcanzan sus valores a través de los medios que les son propios. Esta tesis, elaborada como una reacción para superar los pastiches de todo tipo, las ornamentaciones divorciadas del sentido estructural y tectónico de la obra y los falsos efectos logrados con elementos sobrepuestos, los hacía refractarios, renuentes y hasta francamente opuestos al más mínimo intento integrador. La arquitectura era autosuficiente y le bastaban sus propios medios para realizarse, decían los preconizadores del purismo estético. Por otra parte, hacía tiempo que habían excluído de su práctica profesional al diseño completo de los interiores en los cuales se limitaban a los más inocuos terminados en paredes, pisos y techos, a fin de que el habitador pudiera complementarlos con el menaje y enseres que mejor le parecieran. Así, pues, si acaso pensaban en la posibilidad de la integración, esta sería externa y sólo por

89

Conjunto Centro Cultural

accidente, interna. Para los pintores y escultores el problema era el recíproco. "Inadecuadas han sido las formas pictóricas y escultóricas modernas en las arquitecturas viejas, pero más inadecuadas aún serían las formas o estilos escultóricos y pictóricos viejas en las arquitecturas nuevas", proclamó Siqueiros. Tenían experiencia en interiores, en espacios usualmente penumbrosos, con no muy amplias perspectivas hacia el mural y prácticamente sin relación con los grandes espacios soleados, arbolados y de amplísimas perspectivas. Ahora era preciso pensar en materiales, técnicas y sentidos compositivos nuevos, en los brillos,

reflejos, perspectivas móviles, en la lejanía del espectador y en las superficies a la intemperie. Sí, la experiencia era inaugural. Había osadía al emprenderla.

¿Tuvo razón Chávez Morado cuando al justipreciar el resultado señaló que el problema de fondo confrontado en Ciudad Universitaria fue la contradicción entre una pintura realista y una arquitectura internacional, tendecialmente abstracta y desligada por ello de su entorno físico y social?

No obstante lo anterior, este primer y gran intento de integración plástica impulsó rotundamete a la arquitectura mexicana hacia

Espacio Escultórico

el ámbito del color, a los juegos ópticos y hápticos, al contraste de materiales, al rescate de algunos de estos de raigambre tradicional para, con todo ello, crear una atmósfera cálida, alegre y fresca, muy adecuada para un ámbito escolar. Gracias a la colaboración de los pintores y escultores, los arquitectos mexicanos abjuraron de uno de los dogmas más preciados de la arquitectura europea y norteamericana prevaleciente en ese momento: el que con Adolf Loos, tildaba de "delito" o de "crimen" el vínculo entre las artes plásticas y, más expresamente, el de la arquitectura con la ornamentación.

Gropius, por el contrario, afirmaba que: "La historia muestra que el genuino ornamento surge únicamente durante los períodos armoniosos de la raza humana... (que) es el resultado del trabajo inconsciente de todo un período de civilización, no de individuos, que es el refinamiento orgánico final de sus edificios y cosas, una expresión creativa y no una cuestión de gusto". Y terminaba preguntándose: "¿Está nuestro tiempo dispuesto y listo para esta empresa?. Los artistas y arquitectos mexicanos mostraron en Ciudad Universitaria que, aunque fugaz, huidizo y efímero, este tiempo se dió, coronando el profundo sentido

91

Centro Cultural

Instituto de Química

humanista de la Revolución de 1910, así como "la exaltación de valores espirituales, la elevación de la personalidad humana en todos sus aspectos", que esta propugnó.

Con todo, ensimismada con su propio triunfo, Ciudad Universitaria no se percató de que al unísono del país que encaminaba sus pasos por derroteros opuestos, también ella, a su vez, le abría la puerta a su antípoda que, importado, se enseñoreará en la arquitectura nacional en las siguientes décadas.

En relación al momento de su eclosión en Europa, el estilo internacional fue importado a México, por lo bajo, con unos diez años de retraso. Y no será sino hasta terminada la guerra mundial y coincidente con el momento de bonanza económica que tuvo lugar gracias a la sustitución de importaciones, que logró insertarse, casi abruptamente, en la arquitectura nacional. Representaba la antípoda misma del propósito de "imprimir más y más el sello personal y nacional en toda nuestra producción arquitectónica (y) comenzar a estudiar soluciones verdaderamente mexicanas a nuestros genuinos problemas mexicanos" que había dado a luz lo mejor de la arquitectura de la revolución mexicana.

Instituto de Química

La uniformidad en contra de la variedad; el cosmopolitismo imponiéndose por sobre el regionalismo; los cartabones formales desestimando las condiciones climáticas locales y regionales, el predominio de la estandarización en demérito de las modalidades de vida propias de cada localidad y el anonadamiento de la particularidad de los individuos, grupos y conglomerados, fueron los lineamientos impuestos por obra y magia de la publicidad y la irreflexión. Sin hipérbole de ningún tipo, el estilo internacional prohibió la negación de la esencia misma de la arquitectura: proporcionar espacios adecuados a modalidades de vida específicas y concretas. Y todo ello, sin reticencias, sin recato, sin titubeos, con la desaprensión de quien se siente autorizado a normar la vida social. ¿Cómo fue posible imaginar primero y aseverar después, que una misma propuesta espacial podría satisfacer todo tipo de necesidades emergidas en circunstancias diametralmente distintas? ¿Cómo fue posible el dislate histórico? ¿Cómo fue posible que esos inconsistentes dictados hayan encontrado cabida y maculado una trayectoria profesional tan original y propia como lo fue la propiciada por el trastocamiento social y político de la

Biblioteca Nacional

primera mitad del siglo XX mexicano? Por este elemento extraño que logró subir al estrado, también podemos calificar a CU como realización de "borde", de "frontera".

Hermanada con las enjundiosas cuanto extraordinarias empresas con las que en varios entidos culmina la tendencia más trascendente de la Arquitectura nacional, la Escuela Mexicana de arquitectura, el Plan Nacional de Hospitales y el Plan Nacional de Escuelas, CU extiende el acta de defunción de la que coadyuvó a su nacimiento sin alcanzar la cumbre con ella: el funcionalismo socialista (el art-decó nunca pasó de ser una tendencia decorativista) y

forma parte del coro triunfal que entonó el canto del cisne con el cual la revolución cedió el paso a otra etapa histórica de la vida nacional.

La Ilíada, septiembre de 1994

La Ciudad Universitaria
y la arquitectura contemporánea de México

Francisco J. Treviño

Arquitectos Mario Pani y Enrique del Moral dialogándo sobre un plano de C.U. (1950)

A los protagonistas: los que fueron, los que son y, los que habrán de ser..!
F.J.T.
1954 / 1994

Este enunciado -como el de un programa arquitectónico bien analizado- establece el contacto histórico e ideológico del fenómeno que aporta sentido y contenido a ésta, necesariamente breve, reflexión sobre la arquitectura.

A los términos "moderna" y "contemporánea" les sucede con inusitada frecuencia lo que a las expresiones coloquiales "estado" y "gobierno". Quien los emplea con ligereza los tergiversa y por ello confunde y trastorna el sentido de su propia expresión y discurso. La arquitectura y su contexto no son ajenos a estos problemas del lenguaje y la comunicación, y por su muy peculiar contenido, suelen aumentar la confusión imperante.

Para efectos de nuestra reflexión habremos de referirnos a aquella que pertenece a nuestro tiempo histórico. Aquella realizada por arquitectos a quienes, de alguna manera, conocimos y tratamos ya fuera en los libros, el aula, el restirador y la obra o, para fortuna nuestra, por el trato personal siempre respetuoso basado en una eventual identificación de personalidades afines dedicadas a lo mismo. Aquella

que por el devenir temporal de los hechos se inscribe en lo que conocemos como el "movimiento moderno", que tuvo sus primeras manifestaciones en el contexto de la Europa inestable e incipientemente industrial del último tercio del siglo pasado, es decir, la arquitectura contemporánea.

El fenómeno de la arquitectura contemporánea en México surge recién concluída la etapa armada de la Revolución en los primeros años veinte. Es de señalarse que en la primavera de 1919 -mismo año en el que Don José Luis Cuevas (1881-1952) funda la Sociedad de Arquitectos Mexicanos- selecto grupo de visionarios comprometidos encabezados por Walter Gropuis (1883-1969), iniciaban en Weimer, la antigua ciudad de Goethe, los trabajos de la "Bauhaus". Se vivían -como hoy- tiempos de confusión y desorientación. La "Pax Porfiriana", era vestigio en los grandes edificos inconclusos que habrían de ser terminados en nuestro mejor "Nouveau" y "Decó". Nadie reparaba en el valor orwelliano de una granja sanitaria experimental en Popotla. De su autor -joven entonces nacido con el siglo- habríamos de recibir un legado excepcional. No sólo una obra arquitectónica de enorme validez y trascendencia realizada

Sindicato Mexicano de Electricistas Arq. Enrique Yañez

durante sesenta años de práctica profesional. No sólo una obra magisterial simultánea por la que se le conoce y reconoce como el Maestro por antonomasia. Sino -el mejor de los legados posibles- su pensamiento, lúcido y hasta brillante, estructurado en conceptos, dogmas y teorías, cuya transmisión y comunicación habrían de transformar -en el tiempo y el espacio- la enseñanza y la práctica de la arquitectura, para llevarla por los caminos de la contemporaneidad, una de cuyas cumbres habrá de ser la Ciudad Universitaria en cuyo proyecto el maestro Villagrán habría de participar, como maestro y arquitecto, junto con otros sesenta arquitectos todos ellos, de alguna manera, sus discípulos.

Si entre nuestras expresiones arquitectónicas del pasado -así el reciente como el remoto- y las contemporáneas, de un puente se tratara, los soportes habría de encontrarlos en la obra de dos protagonistas fundamentales de nuestra notable contemporaneidad como fueron Carlos Obregón Santacilia (1896-1961) y José Villagrán, Secretaría de Salud (C.O.S. 1925) -contemporáneo del de Gropius para la Bauhaus, en Dessau, el mismo año de la Exposición de Artes Decorativas en París-, ubicado en lo que entonces era la magnífica

Centro Escolar San Cosme 1946 Arq. Enrique Yañez

entrada del Bosque de Chapultepec desde el Paseo de la Reforma y hoy es terminal de autobuses, zoco y muladar. Por el otro, el Sanatorio para Tuberculosos en Huipulco, Tlalpan (J.V.G. 1929), contemporáneo del Sanatorio de Paimio, en Finlandia, obra de Alvar Aalto (1898-1976) del hoy reconstruído Pabellón de Barcelona, una de las obras más conocidas y reconocidas de Mies Van Der Rohe (1886-1969). Si de un puente se tratara...

Los tiempos -como los vientos- eran de cambio en el mundo. Apenas un cuarto de siglo, una generación y todo se había trastocado y transformado. El segundo cuarto -como las segundas ediciones- se presentaba corregido y aumentado. Sin embargo, la arquitectura habría se seguir siendo el mejor de los testigos. Su testimonio ya no sería de piedra y naturaleza. Tendría que serlo de acero e industria. Si su práctica habría de transformarse, con más razón su enseñanza. Y, quienes habrían de hacer la transformación académica sino aquellos que además de practicarla, la enseñaban: nuestros protagonistas contemporáneos. Y dónde: en la Universidad, con la Universidad, para la Universidad. El proceso se iba a extender durante ese otro cuarto de siglo y el producto sería la Ciudad Universitaria del   101

Biblioteca Cantil 121 Arq. Enrique Yañez

"Pedregal". La piedra que había cubierto una arquitectura, habría de sostener otra. La nuestra, la de hoy, la contemporánea.

Los vientos del cambio tornáronse huracán en los últimos años veinte, cuando apenas se iniciaba el debate por la enseñanza de la arquitectura en el seno de la entonces única escuela en nuestro país: La Nacional de Bellas Artes, alojada en el antiguo edificio de la Academia de San Carlos, dirigida por el arquitecto Francisco Centeno Ita (1890-1977), ilustre e inolvidable geómetra, quien habría de llevar el timón en la tormenta. El presidente electo fué asesinado en el verano del '28. Las

consecuencias políticas y sociales de aquel hecho nos han alcanzado en el tiempo y las padecemos todavía. Al año siguiente -no sin ofrenda de vidas y sangre- la Universidad alcanza y conquista un viejo anhelo: la necesaria e indispensable autonomía que los universitarios, con inusitada frecuencia y tenacidad hemos debido y sabido defender y preservar y, afortunadamente, disfrutamos todavía. Es en ese contexto, de suyo alterado pero fértil para el cuestionamiento y la crítica, que los protagonistas de la Arquitectura -arquitectos, profesores y profesionales, prospectos de arquitectos, así como los potenciales usuarios-

habrían de emprender la larga marcha de la transformación de su práctica y enseñanza hasta alcanzar la tercera de lo que podríamos llamar las tres cumbres, a saber: El Programa Nacional de Hospitales, el Programa Federal de Construcción de Escuelas y la Ciudad Universitaria, hoy hace cuarenta años y con cuatrocientos de historia a cuestas, deja sus ancestrales palacios del centro histórico y dirige sus pasos -más héjira que éxodo- al nuevo enclave en lo que entonces era el extremo sur de la ciudad.

Diez años habrían de transcurrir para consumar el cambio de rumbo de la enseñanza y la práctica arquitectónicas. Gran despliegue de energía, reflexión y entrega requirió el esfuerzo de los protagonistas. La autonomía universitaria, arduamente conquistada, vino a ser lo que la levadura al trigo. La escuela cambió su nombre. Ahora sería Escuela Nacional de Arquitectura. Tres directores sucedieron a Centeno: el maestro Villagrán, de 1932 a 1933, y los arquitectos Federico E. Mariscal de 1933 a 1936, y Mauricio de Mária y Campos de 1936 a 1945, a quienes correspondería el periodo de transición y la formulación de los sucesivos planes de estudio que, paulatina pero consistentemente, habrían

transformado la enseñanza hasta culminar en un extraordinario proyecto académico, llave de ingreso al mundo de la arquitectura contemporánea. Fue notable la participación de alumnos y maestros en activo, así como, la incorporación de profesionales de la práctica privada quienes, todos a una, aportaron entusiasmo, energía y experiencia -la población de la E.N.A., se había multiplicado por seis en diez años y alcanzaba 231 personas en 1935-. No sería hasta febrero de 1939 que dicho proyecto fuera aprobado por el H. Consejo Universitario.

Un fenómeno de esta envergadura y trascendencia no podría quedar limitado al ámbito académico universitario, ni ser ajeno a cismas y polarizaciones, máxime si el contexto mantenía su estado alterado. Las sombras del fascismo se extendían sobre Europa. En 1934 el general Lázaro Cárdenas -después de seis años de zozobra política- encabeza el que habría de ser el primer gobierno sexenal. En el candente verano de 1936 estalla la Guerra Civil Española. A partir de la primavera de 1938 el petróleo es nuestro. Al amanecer del primero de septiembre de 1939 el mundo está de nuevo en guerra... Eventualmente sobrevino el desbordamiento dando lugar a nuevas e interesantes instituciones para la enseñanza de

Centro Escolar de San Cosme. Patio de la Secundaria 1946 Arq. Enrique Yañez

la arquitectura. Sobresale de ellas la Escuela Superior de Ingeniería y Arquitectura, en el seno del entonces recién inaugurado Instituto Politécnico Nacional, en cuya formación tuvieron importante participación algunos de los protagonistas mencionados. Este fenómeno habrá de tornarse incontenible. La descentralización de la enseñanza de la arquitectura tuvo sus primeras manifestaciones en los centros urbanos de Monterrey -la institución privada Instituto Tecnológico y de Estudios Superiores, organizó su departamento de Arquitectura en 1946- y Guadalajara -no habrían de pasar muchos años para que el arquitecto Ignacio

Díaz Morales (1905-1992) se diera a la tarea de dotar a la Universidad de Guadalajara de una escuela de Arquitectura que inició sus trabajos en 1948-. Desafortunadamente, la evolución del fenómeno se manifiesta más por la vía de la cantidad de instituciones que imparten hoy la carrera de arquitecto, con una lamentable escasez de contenidos cualitativos en cuanto al conocimiento de la Arquitectura así como, de su proyección social y cultural. El arquitecto debe ser hoy no solamente apto, sino culto y con un elevado compromiso social y profesional.

Pero, ¿Cómo iba la búsqueda de la contemporaneidad en el ámbito de la práctica

Vista exterior Hospital de la Raza IMSS Arq. Enrique Yañez

profesional, ante la ejemplaridad del ámbito académico?. En el año de 1930, Juan O'Gorman (1905-1982) había terminado la casa-estudio de Diego Rivera en San Angel e iniciaba importantes incursiones en edificios para la educación. Juan Segura (1898-1989) terminaba una de sus obras, quizá la más importante y característica: el edificio "Ermita" en Tacubaya y Manuel Ortíz Monasterio (1887-1967) el edificio para la compañía de seguros "La Nacional" en la Plaza de Bellas Artes. En el año 1932, Juan Legarreta (1902-1934), O'Gorman y Enrique Yáñez tienen la participación más destacada en el concurso para la "CasaObrera"

y el término "funcionalismo" se incorpora al léxico de los arquitectos. 1933 habría de ser un año de luces y sombras para la arquitectura. Los Congresos Internacionales de Arquitectura (C.I.A.M.), creados en 1928, emiten "La Carta de Atenas". El facismo convertido en gobierno, cancela la opción de la Bauhaus. En México se llevan a cabo las importantes conferencias sobre Arquitectura convocadas por la Sociedad de Arquitectos Mexicanos para analizar públicamente los enfoques que se venían manifestando en la práctica. El arquitecto Antonio Muñoz termina el Centro Escolar "Revolución" y Obregón Santacilia transformó

lo que iba a ser la cúpula y la sala de pasos perdidos del Palacio Legislativo, en el extraordinario conjunto del Monumento a la Revolución. Federico E. Mariscal (1881-1971) se encuentra terminando la inconclusa obra de Boari para el Teatro Nacional que la Revolución convirtió en el Palacio de Bellas Artes, inaugurado hoy hace sesenta años, en septiembre de 1934. La extraordinaria obra de Francisco J. Serrano (1900-1982), hijo y padre de arquitecto, empieza a destacarse en el panorama urbano. De esta época sobresalen las casas particulares y los cines Teresa y Encanto. Es en estos años que Mario Pani (1911-1993)

recién graduado de Beaux Arts, irrumpe telúricamente en la escena arquitectónica mexicana. Su primera obra importante: el hotel "Reforma". Para efectos de nuestra breve y casi cinematográfica reflexión sobre la Arquitectura, y sin detrimento de su trayectoria profesional, es necesario señalar aquí su obra editorial iniciada en 1938, al publicar en la Editorial Cultura la traducción -autorizada por el autor- del diálogo de Valéry "*Eupalinos o el Arquitecto*", hoy reeditado por la Facultad de Arquitectura. Continuada por la revista "*Arquitectura-México*", que habría de publicar durante cuarenta años hasta 1978. Es este documento

Fila de atrás, de izquierda a derecha:
Domingo García Ramos, Vladimir Kaspe,
Homero Martínez de Hoyos, Alfonso Mariscal,
Manuel Pizarro, Enrique Landa, Enrique del Moral

Fila de adelante, de izquierda a derecha:
Enrique de la Mora, Manuel de la Colina,
Mario Pani, Ernesto Gómez Gallardo.

Torre de Rectoría

uno de los registros más completos e interesantes de la arquitectura contemporánea mexicana y, una línea de investigación abierta y a la espera de los estudiosos profesionales de nuestro quehacer.

Después del Instituto de Higiene y el Sanatorio para Tuberculosos en Huipulco, el maestro Villagrán, al regreso de un viaje de estudio por Europa, habrá de compartir su tiempo entre la dirección de la E.N.A. y su despacho, donde se producirían entre varios, los siguientes proyectos: La Escuela Hogar No. 9, con Enrique de la Mora en 1934; su casa-habitación, proyecto de 1935, en el que

participó el arquitecto José Creixell y todavía puede verse en la calle de Dublín No. 7, colonia Juárez y el magnífico edificio para el Instituto Nacional de Cardiología en el antiguo Centro Médico, de 1937. Al año siguiente Obregón Santacilia termina el edificio "Guardiola", que de hecho, es un cuerpo anexo del edificio sede del Banco de México, en la esquina de Cinco de Mayo y San Juan de Letrán cuya obra interior también estuvo a su cargo, siendo de gran calidad y muy poco conocida. Esta necesariamente sucinta relación de hechos arquitectónicos acaecidos durante los años treinta no es, ni pretende ser,

Explanada

exhaustiva, pero tampoco podría prescindir de incluir una de las obras paradigmáticas del llamado "funcionalismo" ya para entonces imperante e imperativo donde el estudio -este sí exhaustivo- del programa arquitectónico permite, con singular éxito, superar las muchas limitaciones inherentes a la endémica escasez de recursos materiales, me refiero al edificio del Sindicato Mexicano de Electricistas de 1936, en la antigua calle de Las Artes, obra de uno de los protagonistas contemporáneos más comprometidos y cuyo legado es de los más críticos e interesantes, el arquitecto Enrique Yáñez de la Fuente (1908-1990).

Es el año de 1940. Los alemanes están en París y Churchill pide a los ingleses "...sangre, sudor y lágrimas". México entra de lleno en aquello que se conoce y se padece como el "Sistema Métrico Sexenal". Sin embargo para la Arquitectura Conatemporánea Mexicana la década de los cuarenta habrá de resultar fundamental. Las escuelas seguirán multiplicándose así como su población -en quince años la E.N.A. multiplica la suya por cuatro-. Los planes de estudio se arraigan como conceptos pedagógicos y ofrecen los primeros y alentadores resultados, aunque más temprano que tarde, deberán ser revisados a fondo y así

111

Torre de Rectoría

sucesivamente, en los tiempos por venir. El contexto bélico mundial estimula las economías de los países periféricos productores de materias primas como el nuestro. La arquitectura, la edificación consecuente y la construcción en general habrán de ser testigos cabales del fenómeno. Los protagonistas disfrutan de la expansión del campo de trabajo y su elenco se ve incrementado y enriquecido por los jóvenes, dignos depositarios de la estafeta. Las cumbres habrán de ser alcanzadas.

Muchas veces, a lo largo de los años, le escuché decir a Enrique del Moral (1906-1987) refiriéndose a la Arquitectura: "El programa de México es el de la pobreza". Uno de cada dos mexicanos estaría hoy dispuesto a darle la razón. Ciertamente, mucho hemos hecho pero mucho más queda por hacer. A Del Moral, otro de nuestros protagonistas clave, habrá de corresponder un papel fundamental en la evolución de la arquitectura contemporánea en las dos vertientes a las que esta reflexión se ha venido refiriendo: la magisterial y la profesional. Si bien el maestro Villagrán, circunstancialmente como es sabido, inició la articulación de su pensamiento simultáneamente con su práctica profesional y entre sus textos y sus edificios se establece un

Torre de Ciencias

platónico diálogo. Y Yáñez, siempre fiel a sus principios y a sus ideas, destinó la última etapa de su vida, con la autoridad de la experiencia y la seriedad del compromiso existencial críticamente asumido, en el recogimiento espartano de sus bibliotecas -en el Pedregal y en Coyoacán- a redactar un asombroso legado intelectual que lo pinta de cuerpo entero, de pie, firme. Nuestro querido y siempre recordado "Gringo", uno de los primeros discípulos del maestro -junto con Mauricio M. Campos (1900-1949) y O'Gorman, quienes siempre se distinguieron por la solidez de su preparación y compromiso- se dedicó a tejer una urdimbre de vivencias y experiencias existenciales que su personalidad convirtió en tesoro, así lo vemos trabajando en los despachos de Carlos Obregón Santacilia y del propio maestro; disfrutando de un viaje a Europa que la afortunada experiencia con la Lotería Nacional hizo posible; testigo y actor fundamental de la transformación de "San Carlos" en la Escuela Nacional de Arquitectura, de la que había de ser elegido para suceder a Campos en la dirección de la misma cuando, casi al mismo tiempo, se inscribe en el "Seminario de Historia de las Ideas y de la Cultura Mexicana en el siglo XVIII" que por aquellos días emprenden José

Alberca

Gaos, Edmundo O'Gorman y Leopoldo Zea en la Facultad de Filosofía y Letras de la Universidad y que, siguiendo a Alberto González Pozo en su espléndido prólogo al libro (*) que recoge los textos de Del Moral, habrá de resultar la piedra de toque en la articulación de su pensamiento y, desde luego, habrá de aportar singular consistencia a su obra arquitectónica. Dígalo si no el proyecto de su propia casa en Tacubaya, de 1947, uno de los ejemplos mayores de nuestra Arquitectura doméstica.

El tiempo nunca transcurre en vano. Después de más de quince años de lucha, de avances y retrocesos, de logros y sinsabores, no exenta aquella de excesos y vehemencias, la racionalidad en nuestro quehacer habrá, por fin, de imponerse. Las estridencias e intransigencias del funcionalismo rabioso quedarán en eso. En exceso. Se habrá de dar paso a lo que Yáñez llama acertadamente "Arquitectura Racionalista" (**) que en su versión mexicana habrá de ser extraordinariamente avanzada y rica y no sólo producto de

(*) "El hombre y la arquitectura" E. del Moral. Ed. UNAM. 1993

(**) "Del Funcionalismo al Post-Racionalismo"
E. Yañez. Ed. UAM-A/Limusa.1990

Vista panorámica

influencias rcibidas a través de la apreciación, necesariamente superficial, de los resultados de versiones obviamente ajenas y, eventualmente, lejanas a nuestro contexto, publicadas en revistas de muy restingida y retrasada distribución, carentes de los alardes tipográficos de los que hoy disponemos. En el crisol de este fenómeno en nuestro país, a mi juicio, habrá de predominar el sincretismo cultural del que somos producto y la muy peculiar y, al mismo tiempo, diversa idiosincracia de los mexicanos, sobre las ineludibles influencias que circulan libremente en el mundo de la creatividad, máxime si, como sucede con la arquitectura contemporánea, ella se encuentra sometida a uno de los fenómenos globales de nuestro tiempo: el acelerado proceso de industrialización inducido por una búsqueda irrestricta de mercados. De las escuelas han empezado a salir los jóvenes profesionistas forjados con las nuevas teorías y prácticas de un muy antiguo y noble quehacer. El Estado se dispone a promover su incorporación social a tráves de la creación de ejemplares agencias para el desarrollo que habrán de trascender el péndulo sexenal, es decir: los programas mencionados antes y que habrían de definir, con la Ciudad Universitaria, las tres cumbres de la Arquitec-

115

Estadio Olímpico

tura Contemporánea mexicana en su proyección social de la primera mitad de nuestro siglo veinte.

Ejemplos de la racionalidad alcanzada en la década de la expansión, en el contexto de los programas federales, anteriores y contemporáneos del proyecto para la C.U., citados cronológicamente y, de ninguna manera con la intención de ser exhaustivo y menos dogmático, aunque podría no faltar alguna inclusión más debida a la subjetividad del cronista que a la objetividad debida a la reflexión en proceso. Corre película..!

Notable la producción de "Arquitectura Nosocomial" -como bien la denomina Yáñez-

en el despacho del maestro Villagrán. Si no simultáneos sí sucesivos se producen los siguientes ejemplos: El Pabellón de Cirugía, anexo al Sanatorio de 1929 y el hospital para Tuberculosos Avanzados, ambos en la zona de Huipulco. El hoy desaparecido primer Hospital Infantil de México. El Hospital para Tuberculosos en la zona del Pacífico, en Zoquipan, Jalisco, donde el proyecto de las áreas exteriores fue encargado al arquitecto tapatío Ignacio Díaz Morales. La Maternidad Mundet y el Hospital Urbano de Emergencia, para culminar esta etapa con el primer proyecto, a la postre no realizado, para el Centro Médico Nacional asociado con Mario Pani.

Notable también la aportación del maestro Villagrán a la arquitectura de edificios para la educación. Ejemplo de ello son: El Centro Universitario México (C.U.M.) de 1944. Tres escuelas primarias para el CAPFCE...(*) en Tacubaya y Azcapotzalco. A manera de muy digna culminación, su participación, asociado con los arquitectos y discípulos Xavier García Lascuráin y Alfonso Liceaga, en C.U. donde tuvo a su cargo el proyecto de edificios para la E.N.A. y el Museo Universitario de Ciencias y Artes. De la producción del Maestro en esa época y en otros géneros, habría que destacar los siguientes: El Parque Deportivo Mundet,

donde se encuentran los famosos frontones, el edificio de oficinas "Condesa" con Enrique del Moral, hoy modificado, el estacionamiento "Gante" y el monumento a "La Madre", para el que contó con la colaboración del escultor Luis Ortiz Monasterio. De las aportaciones de Enrique del Moral a los programas federales deben señalarse el Hospital General de San Luis Potosí, con el arquitecto potosino Francisco Cosío Lagarde, la primera de sus experiencias en el género y cuya culminación se habría de alcanzar años después. Fué notable

(*) Horrible acrónimo del lenguaje, a sustituirse por la expresión "Comite de Escuelas" N.A.

117

Explanada

su desempeño como Jefe de Zona del Comité de Escuelas de Guanajuato, donde hubo de atender la construcción de quince escuelas entre las cuales la considerada una de sus obras maestras: la primaria rural de Casacuarán, Gto. Habría que reiterar también, sus intervenciones en la "arquitectura doméstica" donde destacan dos edificios de apartamentos en la colonia Cuauhtémoc y numerosas casas particulares. Es en esta época que siendo director de la E.N.A. invita a Mario Pani a incorporarse a la planta docente, iniciándose así una amistad de cuarenta años y una relación profesional -al encargarles a ambos ganadores

del concurso, el proyecto del edificio para las oficinas de Aseguradora Mexicana- de las más fructíferas para la arquitectura mexicana, al conjuntarse dos personalidades tan ricas y discímbolas así como complementarias, cuyos resultados todavía disfrutamos y hemos comenzado a estudiar y apreciar críticamente.

La obra de Mario Pani en los años cuarenta es, desde mi punto de vista, la más consistente y trascendente de su brillante trabajo como arquitecto. Coincide con sus primeras incursiones en el Urbanismo, actividad que posteriormente habría de absorberlo casi por completo y por la que habría de dejar su labor

Explanada

como profesor universitario. Va desde el fallido intento del hotel "Alameda" de Morelia, Mich. -pecado de juventud, solía decirnos- hasta sus obras maestras para la educación y la vivienda. En aquello relativo a los edificios para la salud, se limita al Hospital General en Saltillo, Coah., al Hospital para Tuberculosos en Perote, Ver. de 1942, y a la invitación de Villagrán para intervenir en el proyecto de conjunto para el Centro Médico Nacional, que no prosperó. Deben recordarse, también, algunas de sus incursiones en la "arquitectura doméstica", no por poco conocidas y difundidas menos notables como la casa en la esquina de Explanada

y Sierra Nevada en Las Lomas de Chapultepec, hoy notablemente recuperada.

Considerarlas obras maestras es, apenas, meramente declarativo. El Conservatorio Nacional de Música, La Escuela Nacional de Maestros y el Centro Urbano "Presidente Alemán" deberían no sólo ser conocidas y reconocidas, sino recuperadas, revaloradas y preservadas -sin dejar de ser debidamente utilizadas- para honra y prestigio de nuestra mejor arquitectura contemporánea. Cabría señalar aquí, en relación con el programa federal de construcción de escuelas, que la impronta de Pani se hace sentir desde el origen y surgimiento. Don

119

Bblioteca y explanada

Torre de Humanidades

Jaime Torres Bodet (1902-1974), a la sazón secretario de Educación Pública, en el mejor estilo vasconceliano -no en vano había sido secretario particuar del "Maestro de América"- prestó atención a las ideas y sugerencias de Pani, seguramente inspiradas en su experiencia con el programa de hospitales, acerca del sentido nacional que debería tener el nuevo programa, y lo llamó a formar parte de la comisión técnica junto con los arquitectos José Luis Cuevas y Yáñez. Villagrán fue designado vocal ejecutivo de dicha Comisión.

La congruencia intelectual e ideológica en el pensar y el hacer en la obra de Enrique Yáñez queda de manifiesto en su interesante proyecto para el Hospital General de Veracruz y en el Centro Escolar "San Cosme", cuyo autor es su mayor y mejor crítico. Sus incursiones en la Arquitectura Nosocomial a lo largo del tiempo -lo mejor de su obra a mi juicio- habrán de tener dos culminaciones unidas por triste destino: el Centro Médico "La Raza" radical y dignamente modificado y la segunda, el importante conjunto -su obra mayor- para el Centro Médico Nacional, seriamente agredido por los sismos de 1985. Cabe señalar aquí, en relación a la extensa y polifacética trayectoria de nuestro protagonista, que por aquellos

Centro Cultural

Centro Cultural

años cuarenta fue creado el Instituto Nacional de Bellas Artes (INBA) de cuya primera dirección y organización fue encargado el ilustre músico Carlos Chávez (1899-1978) quien, para conducir el Departamento de Arquitectura designó, nada menos que a Enrique Yáñez.

De entre las obras relevantes de otros de los protagonistas que enriquecen el fenómeno de la contemporaneidad en nuestro quehacer mencionaríamos solamente algunos en homenaje a la brevedad, a saber: La notable iglesia de "La Purísima" en Monterrey, de Enrique de la Mora (1907-1978). Todo un hito en lo que a "arquitectura religiosa" se refiere. El edificio -

de uso mixto diríamos hoy- de productos, con tres frentes en la zona comercial del entonces recién iniciado "Polanco" y, sobre todo, aquel que podría considerarse su obra maestra: el edificio "Basurto" de 1942, en el Parque México, hacen de la obra del arquitecto e ingeniero civil Francisco J. Serrano otra de las más consistentes e interesantes en el período que reseñamos. Es por estos años que empiezan a destacar los jóvenes formados en la nueva escuela y cuya obra con el tiempo, alcanzaría singular relevancia sobre todo a partir de su intervención en C.U. Si a todo este extraordinario fenómeno arquitectónico, sucitado en

Espacio escultórico

Centro Cultural

sólo veinticinco años y que culminaría con la Ciudad Universitaria, hubiese que darle un marco paramétrico claro y definitivo, no habría mucho que caminar para encontrarlo. Unos cuantos metros y unos cuantos años separan dos obras fundamentales del mismo autor y de la ciudad: La Secretaría de Salud (1925), y el edificio sede del Instituto Mexicano del Seguro Social (IMSS. 1945) ambas de Carlos Obregón Santacilia.

"...Bueno para cuando se comenzó a pensar; ya en serio -porque sobre la Ciudad Universitaria se pensaba cuando menos unos veinticinco años antes de lo que se conoce en la actualidad- hay que tener en cuenta, en primer lugar, que no tenían prácticamente nadie en la Universidad, ni el Rector, ni los funcionarios principales, idea de lo que era lo que pudiera llamarse una Ciudad Universitaria; (...) Desde luego, lo primero de todo era que no se sabía cuáles eran las necesidades reales de la Universidad..."

"...Yo en esa época era director de la Escuela, y al Rector(*) en aquel entonces, se le hizo muy fácil decir: "Usted se va a encargar de hacer el proyecto de la C.U." ...Bueno, me

(*) Doctor Salvador Zubirán

Centro Cultural

pareció que no era nada fácil pero en segundo lugar que no era justo; no me parecía que una obra, considerando lo importante que tenía que ser (si es que se hacía) la hiciera yo sólo. Además no me pareció conveniente. Entonces pensé en lo que podríamos hacer: que hubiera un director del proyecto desde el punto de vista arquitectónico; que tuviera a su cargo esa labor, que llamamos nosotros el plano de conjunto; complementariamente que otros arquitectos se encargaran a su vez del estudio y solución de cada una de las diversas construcciones que iban a constituir esa Ciudad Universitaria..."

"...Los que trabajamos en la C.U. fuimos como sesenta arquitectos, escogí a los mejores que en ese momento había en México, los que estaban también a cargo de las construcciones más importantes, etc. Así se trabajó. Creo, por otra parte, que moralmente también había un ascendiente adecuado puesto que se pudo hacer esta colaboración entre sesenta arquitectos en forma muy conveniente. Vale la pena decir que jamás se ha vuelto a realizar y a nadie se le ha ocurrido hacerlo a pesar de que ha habido construcciones tanto o más importantes que C.U." Estos párrafos transcritos de una declaración de Enrique del Moral

Explanada

ante estudiantes de Arquitectura de la U.A.M.-
X. (*) -y de la que he conservado la muy
particular sintáxis y prosodia del inolvidable
"Gringo"- no tienen desperdicio. Se sugiere a
los lectores comprobarlo y, cumpliérase así el
objetivo, hacer su propia reflexión. La brevedad
impuesta exige terminar.

Estamos así ante el ejemplo más acabado
y no repetido, nunca suficientemente respetado
-cuando menos en lo que a magnitud y
significado se refiere- de la versión mexicana
de la arquitectura contemporánea. Auténtica

síntesis, objetiva y expresiva, de un fenómeno
incubado y acrisolado durante veinticinco años.
Sustentado en un sólido proceso teórico,
filosófico y arquitectónico, del pensamiento
estructurado y la práctica hábil y profesional
de una cantera de protagonistas seriamente
comprometidos con su quehacer y gene-
rosamente dispuestos a trabajar en el mejor de
lo equipos posibles.

Las Lomas, verano del '94.

(*) "Modernidad en la Arquitectura Mexicana" (18 protagonistas)
Ed. UAM-X. 1990, Pablo Quintero, compilador, págs. 118 119.

Los edificios y los espacios de la Ciudad Universitaria

José Rogelio Alvarez Noguera

El *campus* entre la Biblioteca y los edificios de Humanidades

La Ciudad Universitaria, en una perspectiva de conjunto, es el resultado de la integración de una vasta sucesión de edificios y espacios. Los primeros determinaron en buena medida a los segundos, pero no los condicionaron: muchas de sus áreas abiertas forman también parte de las instalaciones de la Universidad en general y no sólo señalan u ocupan los límites o las proximidades de los recintos a cubierto. Desde otro ángulo, podría afirmarse que el espacio universitario fue concebido y proyectado para constituirse con la suma de los distintos ámbitos en que se dispusieron las áreas de trabajo, de recreación y de cutura de la Universidad.

En la integración de la Ciudad Universitaria de 1954, la organización del espacio a partir de un eje principal, de la propuesta de múltiples ambientes y, desde luego, de la aparición ordenada de varios tipos de soluciones a las condicionantes topográficas, es una de las características y quizá el valor fundamental del proyecto de conjunto. Del concepto al que se deben tanto el sistema de trazo como las disposiciones se obtuvieron toda suerte de relaciones entre unas obras y otras, es decir, entre las sedes de instalaciones para las distintas especialidades y, desde luego, entre esos ambientes y la naturaleza circundante.

Area central del *campus*

Los edificios universitarios se deben a esquemas de ubicación y organización que cumplen, entre otros, con los conceptos de proyecto que diferencian a las distintas áreas de trabajo y de conocimiento que requería la Universidad a principios de los años cincuenta. Los espacios que se formaron con los edificios, en sus frentes o entre ellos, son complemento no sólo de las obras arquitectónicas sino partes fundamentales de los escenarios para las actividades a que dan lugar.

El conjunto se define, en mucho, con base en el eje de composición que sitúa a la Rectoría, a la plaza de la Biblioteca Central y al gran espacio central en torno del cual se alzan los varios grupos de facultades. Aunque el trazo general tendría que incluir asimismo el Estadio Olímpico y a los edificios de la Facultad de Medicina, es evidente que un primer contacto visual con la zona central de la Ciudad Universitaria congrega a varias obras entre la Rectoría y la que fue la Torre de Ciencias. La percepción del enorme espacio que se extiende entre esos volúmenes, empero, ofrece sólo una parte del esquema que rigió al conjunto desde su concepción hasta la integración de las varias obras ubicadas en las áreas secundarias.

Rectoría

Torre que fue de Ciencias

Aparte de sus valores simbólicos, los edificios universitarios se distinguen igualmente por otras de sus características, en especial las que subrayan sus aspectos arquitectónicos y plásticos: el concepto de escala, por ejemplo, es una constante lo mismo en las superficies generosas que en las perspectivas y en los remates a corta distancia. El área de la Rectoría, desde los pasos a desnivel bajo la avenida Insurgentes hasta la más cercana escalinata que ordena la primera sección de la explanada central, es lo mismo una sede de encuentros e intercambios que la encrucijada de innumerables caminos aleatorios en cuya composición intervienen las perspectivas, las sensaciones y podría afirmarse que hasta la guía visual que sólo propician los edificios altos, los conjuntos aislados o los vólumenes ubicados frente a amplios espacios abiertos.

La propuesta espacial de un eje central de composición ciertamente ordena y jerarquiza la disposición de otros ejes, éstos menos evidentes pero igualmente dignos de aprecio en las soluciones un tanto más orgánicas de los vestíbulos, los accesos y las conexiones entre los edificios, en particular hacia el lado norte, es decir, frente a los paramentos de los edificios de aulas de las facultades de Filosofía y de Derecho.

Biblioteca Central

El sistema de composición de la plaza de la Rectoría comprende desde otra perspectiva, áreas que son propias realmente, de los exteriores de la Biblioteca Central, edificio con cuya presencia adquiere el conjunto tanto sentido plástico como un sólo método de lectura: así por un requerimiento de orden cuanto por la riqueza de contenidos simbólicos, en efecto, al esquema de composición universitario lo presiden las sedes de la autoridad, en la Rectoría, y de la sabiduría, en la Biblioteca Central.

Independientemente de sus programas arquitectónicos específicos, de los cambios y modificaciones a que se sujetó a las obras, y hasta de las variaciones que se han presentado con la madurez y consolidación de las varias asociaciones vegetales de la zona, los inmuebles situados en la sección poniente de la explanada central continúan siendo puntos de referencias y elementos fundamentales en la propuesta de organización espacial de la Ciudad Universitaria.

A 40 años de concluídos los trabajos de esos y los demás inmuebles universitarios del *campus* original, vale apreciar, más allá de otras muchas consideraciones, la perdurabilidad de los conceptos a los que finalmente se ha debido la solidez arquitectónica del proyecto. Desde un ángulo de amplitud y aliento contempora-

131

Sección oriental del *campus*

neos, habría que destacar la validez de algunos conceptos básicos, como el que determina la sujeción de las obras a la naturaleza, y el que ordena las propuestas visuales hacia desde los edificios y, desde luego, el que define las calidades de las circulaciones mediante la sucesión de luces y sombras, de vanos y macizos, de aperturas generosas y de rincones casi inesperados.

El valor y la capacidad de trascendencia que se reconoce a la arquitectura de la Ciudad Universitaria en conjunto, así como a varios de sus espacios y edificios, en particular, se deben, sobre todo, a las circunstancias que modelaron esta obra y, con ella, a una parte fundamental de la arquitectura mexicana a partir de la segunda mitad del siglo XX. La obra, en efecto, tuvo lugar al final de un largo proceso a través del cual los arquitectos mexicanos transitaron algunos caminos de la cultura que condujeron al planteamiento de soluciones con un aliento nacionalista. La Ciudad Universitaria, en ese sentido, recibió en sus espacios elementos de varias tendencias a las que luego se adoptó como propias en otros conjuntos arquitectónicos del país.

Algunas corrientes entonces internacionales, o de vanguardia, aportaron su cuota de influencias a un esquema surgido de una muy

Límite norte del *campus*

novedosa revisión al nacionalismo. Así, buena parte de los postulados de origen racionalista o funcionalista, por citar sólo dos casos, sirvieron de base a proyectos específicos a partir de los cuales pudieron integrarse algunas propuestas de ascendencia mexicana.

La Ciudad Universitaria, indudablemente, es poseedora de valores arquitectónicos distinguidos. Más allá de las posturas analíticas que antes o aquí mismo se han expresado, es decir, en congruencia con las posiciones que recomienda la crítica contemporánea, debe destacarse que a los distintos edificios y a sus espacios los ha vinculado un concepto de

unidad y un sentido de armonía que quedó establecido desde el momento mismo del trazo rector que organiza al conjunto.

El esquema no se limita a ubicar o señalar los ámbitos de los espacios escolares, de dispersión o de trabajo: el interés mayor de aglutinar las obras en torno de conceptos unitarios afectó soluciones preconcebidas y abrió nuevas posibilidades en la búsqueda de capacidades expresivas. La estructura principal de las sedes de algunas de las disciplinas de humanidades, desde la Facultad de Filosofía hasta la cafetería de la de Economía, se resolvió dando a una cantidad considerable de aulas

Aulas de la Facultad de Filosofía

orientación al sur. El peso del esquema, o sea la decisión de proporcionar y abrir ángulos visuales al área central del *campus*, fue más importante que la posible idea de conservar las apariencias y las disposiciones tradicionales de las aulas.

Aparte de los contenidos específicos de los edificios de las ahora facultades, habría que hacer algunas consideraciones sobre las dimensiones y acaso las proporciones, por ejemplo, de los espacios que le son propios o que corresponden a las varias agrupaciones de inmuebles. El ángulo noreste del primer espacio del campus, la zona en la que se encuentran

áreas de la Facultad de Derecho con la Torre que fue de Ciencias, no es sólo una primera delimitación de las circulaciones o de los ejes visuales que se originan sobre el *campus* o desde la Biblioteca Cental, sino, francamente, un amplísimo vestíbulo lo mismo para el propio *campus* que para las áreas abiertas que se extienden al sur de la Facultad de Odontología.

La concepción de grandes y pequeños edificios, tanto como la sucesión de generosos reducidos ambientes en torno de esas obras, revela, quizá de manera todavía sorprendente, la ambición y el compromiso conque se plantearos los diseños arquitectónicos. La

Conjunto de Humanidades

Campus Central

amplitud de los espacios centrales o comunitarios muda a recogimiento, a sentido de la escala y a conceptos de acceso y circulación que tambien se apartan de las formas de las antiguas conexiones a base de pórticos, fachadas y portadas: al hacerlo, las plazas, los andadores y casí diríase que algunos claustros, dan lugar a varios tipos de espacios situados entre los exteriores y los interiores en los que la continuidad desempeña un papel fundamental.

Unidad y armonía, en ese contexto, no pueden sino deberse al espíritu de libertad, de diálogo y de colaboración que se plantearon como signos de la instalación universitaria

desde sus etapas más tempranas: los edificios, en lo individual, parecen haber sido concebidos, proyectados y construidos siempre en corcondacia con las calidades de sus vecinos. En ello estriban muchos de sus valores, pues si bien todos los sustentos teóricos de aquellas obras proceden de las influencias y de la madurez de aquel momento, es evidente que las influencias nacionalistas tuvieron también cabida en los procesos de composición.

La escuela mexicana de arte, en general, ya había producido, a mediados del siglo, las ligas de conceptos que dieron a la cultura mexicana un sitio de relevancia en el concierto

Facultad de Arquitectura

Jardines en el área de la Biblioteca Central

internacional. La modernidad, si acaso así puede denominarse a una primera época del periodo que comenzó entonces, fue el momento para proponer una versión local de las vanguardias. Ciudad Universitaria fue, pues, el escenario que con mayor fortuna se prestó para concretar una interpretación nacional de la arquitectura en gran escala.

La solución de conjunto, heredera de muchas enseñanzas e inspiradora de muchas más evocaciones, quizá no tenga más raíces formales que las impuestas por el compromiso de resolver la sede de la Universidad con más apego a la función y a la estructura de la casa de

estudios que a la tradición de los asentamientos prehispánicos o a la interpretación que la crítica moderna ha hecho de los establecimientos virreinales en buena parte del país.

Así se explicaría, quizá con más posibilidades de analizar la arquitectura, que los edificios hayan sido resueltos de acuerdo a su propio programa, a las calidades de las instituciones que alojarían y, como se ha anotado, en presencia de la libertad de forma que, aún con referencia al esquema general, distigue a los vecinos. Algunos espacios, tal vez incluso los que limitan la explanada de la Rectoría por el lado sur, son ejemplos de soluciones sujetas

Jardín Botánico

La Rectoría desde el *campus*

a programas estrictos pero también al interés superior de condicionar la arquitectura a los trazos del conjunto.

Los andadores que recorren a cubierto el tramo comprendido entre la Facultad de Arquitectura y la antigua terminal de autobuses, en un nivel inferior al de la avenida de los Insurgentes, vistos sólo como elementos complementarios, cumplen la función de comunicar al tiempo de ofrecer una fracción de claustro desde cuyo transcurso se hace deseable participar de las perspectivas en torno de la torre de Rectoría. La calidad de pórticos que asumen esos andadores, a los que desde

luego, se les pudo haber dotado de otras apariencias, envuelven de una manera apenas perceptible los ambientes de las plazas en las que los observadores recuperan los sentidos de la escala. Soluciones formales dicutibles, aquellos pasos a cubierto recrean la posibilidad del tránsito y se interrumpen para evitar su participación frente a las propuestas masivas de algunas fachadas y de casi todos los accesos.

Las calidades de los espacios situados entre las luces y las sombras, es decir, entre los recintos internos y los exteriores, atribuyen a las áreas abiertas las bondades de las tonalidades, es decir, el privilegio de la sombra frente a las

137

El campus desde el poniente

grandes o pequeñas superficies a descubierto. En la colindancia de la Facultad de Arquitectura y el Museo Universitario, y entre ambos conjuntos y la antigua zona comercial no sólo se suceden aperturas y apoyos que definen los ritmos, sino de problemas de acabados que exigieron propuestas a detalle tanto en pavimentos como en muros y en otros elementos de acabados.

La sujeción de los conceptos y los esquemas de composición al interés de la Facultad de Arquitectura, condujeron a incorporar secciones del Pedregal en pequeños patios entre los talleres de esa institución. Algunos desniveles y la capacidad de los edificios para adaptarse a un esquema de funcionamiento que reclamaba una cierta dosis de autonomía entre los talleres, recreó en varios sitios y en casi todas las encrucijadas algunos de los ejes visuales que, en su momento, tuvieron varios conjuntos virreinales entre los que, de paso, se podría evocar la Academia de San Carlos.

Sin ánimo de ver más allá de lo evidente, parece prudente señalar la continuidad espacial y visual de los talleres de Arquitectura entre sí y con el límite sur del *campus* central: ahí se advierte, quizá con más vigor que en otros sitios, la presencia de ángulos y hasta de caminos visuales como los que han sido, esos

El *campus* desde el noroeste

sí, tradicionales en la arquitectura mexicana de todos los tiempos.

Esos y otros valores plásticos y conceptuales de la arquitectura de conjunto y en pequeña escala probablemente bastarían para reconocer en la Ciudad Universitaria a una obra de gran aliento cultural y, desde luego, a una fuente de las más depuradas influencias en la interpretación de los nexos que han vinculado a las craciones mexicanas más distinguidas. Su trascendencia, sin embargo, no sólo se debe a esas razones, sino a los rasgos que más facilmente identifican a la obra con su momento, con el esplendor de una cultura del espacio y, sin duda, con el

reconocimiento a los conceptos que durante más tiempo han estado en el ánimo de los constructores mexicanos.

Otros edificios, como todos los que se sitúan en el lado oriente de la que fue Torre de Ciencias, están dispuestos, casi con la misma fortuna, sobre los espacios en sombra que delimitan, de la manera más sutil, un patio con más funciones visules que materiales. Ahí mismo, y quizá con intenciones semejantes a las que animaron la solución de la primera parte de la explanada de Rectoría, el agua desempeña un papel simbólico del mayor interés. Tal vez no se trate sólo de recordar el pasado lacustre

141

Facultad de Química

de la cuenca, o de reflejar el cielo para ayudar a las miradas sino, más a fondo, de regular los caminos aleatorios, de contribuir a ordenar el espacio, y más allá de especulaciones, a situar a la arquitectura circundante mucho más en contacto con la tierra.

La obsevación de los rasgos y los fenómenos de la arquitectura permite, gracias a la perspectiva de cada época, interpretar incluso las decisiones de los autores. Quizá cabría inquirir sobre el origen de aquella y de otras fuentes, pero igual vale, a finales del siglo y con la Ciudad Universitaria en su sitio totalmente distinto del que tuvo en el ánimo de los observadores,

volver a mirar, desde un ángulo de cultura nacional, las soluciones que luego han pasado a otros conjuntos a modo de reinterpretaciones tan útiles como legítimas.

Las áreas que corresponden a la Facultad de Ingeniería, a las nuevas dependencias como el Centro de Lenguas Extranjeras, los anexos de Diseño Industrial y otras en las cercanías de los edificios A y C de la facultad de Química, forman, también un conjunto dentro del esquema general de la Ciudad universitaria. Los patios y otros de los espacios que se extienden hasta el Instituto de Investigaciones Biomédicas definen circulaciones, jardines, recesos y aproximaciones

Límite sur del *campus*

El *campus* y la Rectoría

visuales en las que las soluciones arquitectónicas de detalle casi se imponen a las aperturas, las calidades y los elementos de los vólumenes. La continuidad de los caminos, la facilidad de tránsito y, sobre todo, la compañía permanente de la naturaleza hace comprensible el discurso de una arquitectura que, por zonas, parece no involucrarse sino sólo ajustarse al medio.

En ese mismo sentido, cabría destacar que una segunda zona de Ciudad Universitaria, la que originalmente fue sólo sede de las instalaciones deportivas y que luego se completó con la construcción del Circuito Exterior, partió de un planteamiento en el que el respeto por la naturaleza en general, y por el medio ambiente de la zona, en particular, privaron en el ánimo de los constructores: la Alberca Olímpica, las canchas de grandes dimensiones y sobre todo los frontones fueron piezas de una arquitectura novedosa hace 40 años. Ahora, vigentes aún algunas consideraciones y gracias también a la madurez de las agrupaciones vegetales, el área se ha enriquecido de una manera notable y ejemplar.

Las formas de algunas de esas instalaciones evocan de muchos modos soluciones de otros tiempos y de varias regiones. Una nueva interpretación, es decir, una revisión incluso de

143

Espacio central del *campus*

conceptos que fueron indiscutibles, conduciría a revalorar los frontones, por ejemplo, y al camino que se extiende entre las áreas de la Escuela Nacional de Trabajo Social y la sección ocupada por el Instituto de Investigaciones en Matemáticas Aplicadas y Sistemas. Ahí se han dado, a diferencia de lo que ha ocurrido en otros ámbitos de la Ciudad Universitaria, los rasgos espontáneos de la vegetación en condiciones de previa ocupación por la arquitectura. El contexto natural del Pedregal, presente desde luego en prácticamente toda Ciudad Universitaria, ha sido objeto, con el tiempo, de una importante y necesaria revaloración.

Las obras de la zona de la Facultad de Medicina, es decir, el agrupamiento que se alza en la cabecera oriente del conjunto original de 1954 también ha visto incrementarse su valor ambiental de una manera notable: los que fueron vastos espacios abiertos y vacíos hoy son, a la altura del Bioterio y de la Biblioteca de Medicina, por un lado, y del edificio de Investigaciones y Area de Apoyo del IMSS, por el otro, recintos igualmente a descubierto pero poblados por árboles y otras asociaciones vegetales cuyo crecimiento y desarrollo ha consolidado de varios modos a la arquitectura.

El *campus* desde el oriente

El edificio central de Medicina, como los otros en los que la solución final se confió a murales, sigue siendo uno de los símbolos de la Ciudad Universitaria y, visto de un ángulo más amplio, se diría que de la Universidad. Una vez más, en este inmueble, se hacen evidentes los rasgos que caracterizan a las instalaciones educativas de alto nivel: libertad de forma, ausencia de compromisos con estructuras o lineamientos preexistentes y, desde luego, búsqueda de la eficacia y de la adecuación de las aparencias y las soluciones a las funciones. En esta obra como en varias otras las necesidades escolares influyeron de manera determinante en la consecución de una imagen peculiar de equilibrio arquitectónico.

La Ciudad Universitaria vale pues por una multiplicidad de razones pero vale, también, por la presencia individual de sus edificios y de sus espacios abiertos. Vólumenes como el principal de la Facultad de Medicina o como los centrales de las facultades de ingeniería y Arquitectura podrían representar, por sí solos, lo mejor de la composición arquitectónica de espacios destinados a la enseñanza que se hiciera en México hasta 1954.

Tras un largo periodo de ajustes internos o de modificaciones francamente menores,

Facultad de Medicina

algunas de las obras universitarias comenzaron a ser utilizadas de manera distinta a la original. Las ampliaciones al espacio de Ciudad Universitaria dotaron a la institución de una multiplicidad de nuevos edificios en los que se adaptaron varias de las funciones que antes se cumplían en el *campus*. Junto a esos conjuntos se hicieron otros con más modernas instalaciones para nuevos usos. Además de las áreas dedicadas a la investigación científica y a las humanidades, en el curso de los 20 años más recientes se han desarrollado otros sectores para facilitar la práctica deportiva, para consolidar y proteger la reserva ecológica y,

desde luego, el que se conoce como Centro Cultural Universitario.

En todas esas zonas han seguido vigentes las preocupaciones por vincular a la arquitectura con la naturaleza; los nuevos edificios y sus espacios circundantes han sido planeados con apego estricto al respeto que exige el medio, pero en esas obras, casi sin excepción, las propuestas arquitectónicas se apartaron de los conceptos que dieron cohesión a la primera instalación de la Ciudad Universitaria. Los esquemas de composición que rigen a las más nuevas zonas de construcción son del todo distintos a los que caracterizaron a la Universidad

El *campus* hacia el oriente

por mucho tiempo. Los planteamientos en los que se ha basado la nueva arquitectura universitaria responden más a las posibilidades expresivas de esta época que a la intención de recoger algunas de las pautas que pudo señalar el conjunto original de 1954.

Uno de los rasgos distintivos de la arquitectura universitaria de la actualidad podría ser la dispersión. Sin los sólidos vínculos plásticos y espaciales de que dispusieron los primeros edificios, a todos los que han formado un segundo grupo ya no los relaciona sino una cambiante interpretación del papel que desempeña la arquitectura en un contexto como el de la Universidad y en el Pedregal.

Ricos en soluciones y en recursos formales, los nuevos conjuntos sugieren una calidad de vida universitaria mucho más dirigida hacia el interior de los recintos que hacia dentro y hacia fuera, simltáneamente, como ocurrió en el primer agrupamiento de 1954. Pocos materiales cumplen, a 40 años de distancia, los papeles que desempeñaron una gran variedad de estructuras, de recubrimientos y de acabados en el esquema original. Los treita años finales del siglo forman, para la arquitectura, un panorama ciertamente distinto del que se tenía a finales de la primera mitad del periodo. Las diferencias, que comprenden desde sistemas

147

Biblioteca Nacional

de planeación hasta ejecución de obras, necesariamente se reflejan en las obras universitarias con edificios y espacios cuyos valores no pueden ser los mismos que los de sus antecesores.

Las calidades plásticas de sus vólumenes, la concepción de relaciones entre los espacios y, en suma, el sistema de trazos que ha dado lugar a nuevos nexos entre unas obras y otras son reflejos, sin duda, de una nueva visión de la vida de la Universidad. No perduró en los edificios más recientes el esquema que se rige por un eje de composición, pero se ha buscado, quizá con mayor intensidad, vincular a la arqui-

tectura con el contexto natural; el gran espacio central, y común, dejó su lugar a muchos espacios también centrales, individuales y colectivos, en los que la participación es el motivo central de los proyectos; la integración plástica cedió su influencia a un diálogo entre las artes y ahora, en el XL aniversario de la Ciudad Universitaria, la escultura, por ejemplo, se ha integrado también a la naturaleza. La Ciudad Universitaria es ahora mucho más compleja, pero la Universidad es también mucho más sólida. Su riqueza arquitectónica, por ello, es también más importante: las obras, los edificios y los espacios universitarios siguen siendo parte

Instituto de Investigaciones Filosóficas

Hemeroteca Nacional

fundamental de su imagen. El valor de los primeros conjuntos se conserva vigente mientras las nuevas aportaciones, con sus propios rasgos y aspiraciones, representan a la contemporaneidad de una comunidad cuyos orígenes como grupo y cuyas referencias arquitectónicas están vigorosamente unidos a la primera versión de la Ciudad Universitaria.

Evolución y desarrollo de la Ciudad Universitaria

Orso Núñez Ruiz Velasco

El *campus* central

La evolución que la Universidad ha sufrido no sólo se observa en su estructura; los espacios físicos considerados como necesarios para llevar a cabo las funciones primordiales de docencia, investigación, preservación y difusión de la cultura han tenido que cambiar para poder cumplir su cometido. Su actividad permante la ha obligado a buscar nuevos sitios, originando un lógico crecimiento.

Las labores de investigación desarrolladas en los institutos y centros científicos y de humanidades señalaban un grave déficit de espacio, entorpeciendo el desarrollo de estas actividades prioritarias para la Universidad y el país. A todo esto se suma la necesidad de promover mejoras en las condiciones de enseñanza y de mejorar los servicios de infraestructura. Para no modificar el *campus* original ante la enorme necesidad de crecimiento, se decidió reubicar la investigación y rezonificar Ciudad Universitaria en base a un crecimiento por áreas académicas:

1. Area de Ciencias; 2. Area de Ciencias de la Salud; 3. Area de Humanidades; 4. Area de Contabilidad y Administración; 5. Area de Ingeniería y Diseño; y 6. Reestructuración de áreas deportivas, servicio y administración.

El *campus* y la Biblioteca Central

A partir de 1973 y en base a este esquema se inicia la construcción de una nueva área en ciencias, destinándose para ello una superficie similar a la del *campus* original de Ciudad Universitaria, donde se albergarían los institutos de Astronomía, Biología, Geofísica, Física, Química, Matemáticas, Geología, Geografía, la Coordinación de Ciencias, la Unidad de Bibliotecas y Servicios Comunes y la Facultad de Ciencias. Para todos estos edificios se previó un crecimiento de 15 años y se les dotó con todas las facilidades para desarrollar una labor de excelencia en la investigación.

Por otro lado los edificios desalojados por los institutos científicos en el *campus* original fueron destinados de acuerdo a un plan de reubicación de dependencias a incrementar el espacio de los institutos de humanidades y para mejorar las condiciones de las escuelas más necesitadas de espacio.

Una nueva experiencia arquitectónica

A casi 20 años de la inauguración de Ciudad Universitaria en 1954, se enfrentaba un gran reto. La ampliación integradora que respetase lo anterior y que respondiera a las necesidades humanas del momento. Había

153

El *campus* y el complejo de Humanidades

que emplear el desarrollo más avanzado de la arquitectura en cuanto a teoría y práctica y en cuanto a proyectos y materiales, como lo sugería el momento.

La respuesta fue la utilización de nuevos materiales y una nueva propuesta arquitectónica. Debía quedar plasmada para siempre en un solo momento constructivo la forma requerida como se plasma la poesía, en una mezcla de palabras, símbolos y ritmos para encontrar el mensaje espiritual deseado.

Cada componente del proyecto arquitectónico debería responder a una forma en correspondencia a su utilización; no se debería

imponer una forma a las funciones sustantivas universitarias, sino por el contrario, las labores docentes, de investigación y culturales reinarían en su relación con los nuevos materiales seleccionados.

Epistemológicamente hablando, el conocimiento arquitectónico estaría al servicio de la universidad y no sometida a su imperio, el arte y la ciencia arquitectónicas al servicio de los fines universitarios y no al revés.

El arquitecto asumiría el papel de ser un traductor e intérprete artístico-científico de las necesidades y soluciones que requería la comunidad universitaria conforme a sus funciones

Jardín Botánico

y no debería imponer sus propios criterios profesionales a ellos.

La discusión en el equipo que dirigió el proyecto no fue sencilla, pesaba lo viejo sobre lo innovador, las antiguas soluciones muchas veces comprobadas se repetían sin nuevos aportes, la seguridad de lo ya probado luchó por imponerse al riesgo de lo creativo, la función sometida a las formas del gusto o predilección del arquitecto, y no la libre demanda de una forma acorde a la función a la cual se debía; había que invertir los términos teórica y constructivamente y aquí es preciso reconocerlo, el rector Soberón apoyó la audacia del proyecto,

su intuición cultivada -seguramente- a través del estudio y la apreciación artística, dió la aprobación final.

Como hacía millones de años, gracias a la fuerza creativa de la naturaleza expresada en la explosión del Xitle, en el lugar llamado (algunas veces despectivamente) por los antiguos pobladores novohispanos el Pedregal de San Angel, un oculto lugar de singular belleza se había formado, con olas de lava como mar para siempre inmóvil retratado, ahora de ese espacio empezaba a emerger con la mente y manos del hombre en armonía de inspiración lecorbusiana un nuevo escenario, 155

Unidad Bibliográfica

que gracias a la estética de la plástica del concreto formaban una totalidad que se antojaba natural, creada por la misma naturaleza pero ahora también con la comparativamente modesta participación humana, el escenario gracias a la imaginación prometía ser majestuoso... si el proyecto no era erróneo.

Se investigó acerca de nuevos materiales de poco mantenimiento pero gran expresión plástica encontrándose en el concreto -no por coincidencia roca pulverizada- una bella y funcional solución, que requería escaso mantenimiento.

Así se comenzó con el Instituto de Ingeniería, se continuó con el Centro de Salud Mental y se procedió a descentralizar a la UNAM, creando las Escuelas Nacionales de Estudios Profesionales en la zona metropolitana conurbada.

Se llevó la investigación a los estados, creándose la Unidad de Investigación, las Clínicas Odontológicas y de Salud en diversas comunidades, y al final el Centro Cultural Universitario que muchos considerarían posteriormente como el "hogar de todas las artes".

En la primera etapa constructiva de las escuelas profesionales y edificios utilitarios se buscó la plástica en cada edificio, con la mayor

Unidad Bibliográfica

racionalidad posible, optimizando el espacio, proporciones y volumetría, se procuró no desperdiciar ni un metro cuadrado en ornamentación inútil, (esto producto en gran parte del racionalismo y sentido de la economía del espacio del Ing. Francisco de Pablo, entonces director general de Obras), sin descuidar la búsqueda plástica de los edificios.

El Centro Cultural Universitario

La Universidad Nacional Autónoma de México, preocupada por extender con la mayor amplitud posible los beneficios de la cultura, emprendió un proyecto de gran magnitud. A fines de la década de los años setenta, durante la administración del doctor Guillermo Soberón Acevedo, se promovió la construcción del Centro Cultural Universitario, con la aspiración de proporcionar a la comunidad universitaria y al pueblo de México recintos apropiados para el desarrollo cultural. El complejo estaría concebido para alojar edificios dedicados a las artes; en el admirable marco natural de esa zona se vivirían el cine, el teatro, la danza, la música, las letras y también las artes plásticas.

Al conjunto lo integran la Sala de Conciertos Nezahualcóyotl, el Teatro Juan Ruíz de Alarcón, el Foro Sor Juana Inés de la Cruz, 159

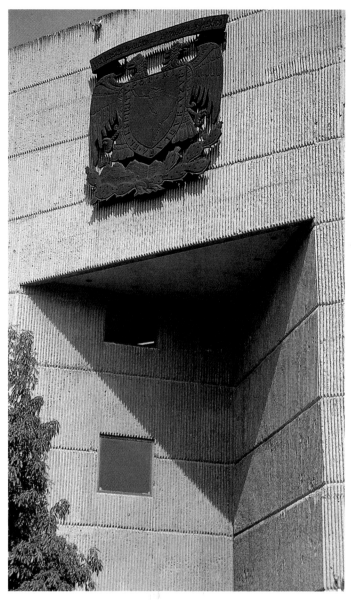

Hemeroteca

Instituto de Investigaciones Filosóficas

el Centro Universitario de Teatro, la Sala de Danza, Opera y Música Electrónica Miguel Covarrubias, la pequeña Sala para Música de Cámara Carlos Chávez, las Salas de Cine José Revueltas y Julio Bracho, el edificio que alberga a la Biblioteca Nacional, la Hemeroteca Nacional, el Centro de Estudios sobre la Universidad; y, a partir del año 1992, el Fondo Reservado de la Biblioteca Nacional; asimismo, forma parte del Centro Cultural el espectacular y más ambicioso proyecto de una escultura monumental: El Espacio Escultórico. Complementan el Centro las oficinas de la Dirección General de Difusión Cultural de la Universidad

y las del propio Centro Cultural, una sala de exposiciones situada en el corazón del vestíbulo central, así como los servicios de cafetería para el público en general.

El conjunto se localiza muy cerca del Anillo Periférico y la av. de los Insurgentes; se encuentra conectado con el circuito escolar de la investigación por medio del circuito Mario de la Cueva; el trazo general del proyecto está orientado sobre un eje Norte-Sur, los espacios externos se plantearon en función del movimiento de grandes públicos, y los andadores se trazaron en líneas que se quiebran, permitiendo la observación de los diferentes

Centro Cultural

volúmenes de los edificios, la armonía que guardan estos con el entorno de piedra volcánica, la vegetación y las diversas esculturas ubicadas estratégicamente.

Está compuesto en dos grandes núcleos: El primero se encuentra ubicado en torno a la plaza principal, donde se encuentran circundándola el edificio que forman a la Sala Miguel Covarrubias, la sala de Música de Cámara, las salas de Cine, la cafetería y las oficinas de Difusión Cultural. Por otro lado el edificio que alberga a los teatro Juan Ruíz de Alarcón y el Foro Sor Juana Inés de la Cruz y por último la sala de conciertos. De entre estos dos últimos edificios y hacia el oriente cruza un andador que es rematado por el Centro Universitario de Teatro.

Hacia el norte el segundo núcleo se encuentra integrado por la Biblioteca y Hemeroteca Nacionales, el Centro de Estudios sobre la Universidad, y el Fondo Reservado cercano al paseo de las esculturas y a la gran escultura denominada "Espacio Escultórico".

Entre los dos núcleos destaca la escultura que Federico Silva creó para conmemorar el Cincuentenario de la Autonomía Universitaria.

Los espacios porticados del teatro Juan Ruíz de Alarcón y la Sala Miguel Covarrubias en torno a la plaza principal ofrecen una

161

Centro Cultural

Hemeroteca Nacional

riqueza en color, claro oscuros y volumetría de características escultóricas que combinados con jardines, fuente y una escultura del artista Rufino Tamayo cierra y señala la plaza y que bien puede representar el símbolo del Centro Cultural.

Los edificios en conjunto armonizan y se integran al entorno majestuoso del paisaje de piedra volcánica, así como las esculturas y con el contexto urbano que lo rodea.

Sala de Conciertos Nezahualcóyotl

El conjunto, como cada uno de los edificios que lo integrara debía crear espacios sólidos, como las propias estructuras. En este edificio, al igual que los demás, pero con un carácter propio, se buscó que el concreto texturizado, el cristal, y el acero, coexistieran con la piedra volcánica y la vegetación como uno solo.

Formalmente es un edificio de concreto tratado a base de grandes paños quebrados, cuenta con cinco plantas que se sobreponen en forma de herradura. La cubierta general es una bóveda construida a base de armaduras metálicas concéntricas que rematan en un anillo de compresión.

Se bucaron una serie de soluciones arquitectónicas para dotar a la sala de las

Sala Nezahualcóyotl

Detalle del Centro Cultural

mejores condiciones acústicas e isópticas. La finalidad acústica de esta sala fué lograr un balance correcto y una mezcla adecuada de sonido, buscando una buena relación entre el sonido inicial y una red de sonidos reflejados en un periodo de tiempo, tal que no se produzca eco.

La orquesta se encuentra en el centro de la sala de audiciones, así una parte de los espectadores tienen la posibilidad de presenciar el aspecto interior del fenómeno artístico. Estas salas tienen su antecedente en las salas periféricas de Berlín, Rotterdam, Sydney y Bristol.

Teatro Juan Ruíz de Alarcón
Foro Sor Juana Inés de la Cruz

Estos teatros cuentan con un carácter propio sin olvidar que pertenecen al conjunto, en cuanto al propósito del diseño, el manejo de la volumetría y la utilización de los materiales.

El Foro Sor Juana Inés de la Cruz cuenta con un espacio vertical de 4 niveles y tienen una capacidad de 250 espectadores.

En este foro no se encuentran definidas las zonas de público y actuación, por lo que el director podrá realizar diferentes formas de relación espacial entre espectadores y

163

Unidad Bibliográfica

Unidad Bibliográfica

espectáculo y de esta manera construir el teatro que más le convenga a su experimento.

La iluminación fué concebida en forma similar a la de un estudio de televisión ó a la de un foro cinematográfico con el fin de lograr una total flexibilidad.

En el teatro Juan Ruíz de Alarcón, que tiene la forma de un escenario italiano, el piso del escenario es totalmente desmontable y por sus amplias dimensiones se pueden representar diversos espectáculos, tales como el teatro clásico, teatro de comedia, comedias musicales, ballet, etc.

Unidad Bibliográfica

La Biblioteca y Hemeroteca Nacionales y el Centro de Estudios sobre la Universidad, están diseñados para dar el servicio más eficaz a los estudiosos especializados ó a simples lectores, y se encuentra dotado de las condiciones más adecuadas para la meditación y el estudio.

En este edificio se concentró al Instituto de Investigaciones Bibliográficas con el objeto de rescatar, conservar y brindar mayor difusión al patrimonio bibliográfico y hemerográfico nacional. El edificio está diseñado para alojar el acervo de la biblioteca que se calculó en

Biblioteca Nacional

2,000,000 volúmenes, y el de la hemeroteca calculado en 110,000 tomos empastados, además de los periódicos de reserva que representan un volumen considerable.

Una de las características para su diseño fue la modulación del edificio que ofrece una gran flexibilidad en cuanto a instalaciones, distribución y necesidades futuras, debido al constante crecimiento de difícil pronóstico y lo cambiante de las técnicas actuales para la conservación del material, así como la consulta de información.

Los volúmenes tanto interiores como exteriores son de características escultóricas y se encuentran en armonía con las esculturas de Federico Silva, Sebastián y Hersúa.

Plástica

Existió la preocupación de exaltar el material de construcción como un ingrediente visual armónico y poderoso que resaltara los volúmenes, quebrando la luz y definiendo la sombra, obteniendo una arquitectura pétrea a base de concreto con diferentes tratamientos en sus texturas logradas desde el molde hasta las mezclas.

El tratamiento exterior penetra en los interiores, contrastando con materiales cálidos

Instituto de Física

como la madera, las telas y las alfombras, provocando efectos interesantes aunados al diseño interior con espacios majestuosos, patios cubiertos, túneles, el uso de elementos diagonales y circulares rompiendo con los esquemas rectangulares, el tratamiento de la luz, la integración de la arquitectura con la escultura, el cuidado de los artistas y remates visuales.

Las salas Miguel Covarrubias, Carlos Chávez, José Revueltas y Julio Bracho se encuentran en un solo edificio que alberga también a las oficinas de Difusión Cultural, una librería y una cafetería. Este edificio utiliza el mismo lenguaje arquitectónico que el resto del conjunto, utilizando las mismas normas de funcionalidad, servicio y sencillez.

La Miguel Covarrubias tiene capacidad para 725 espectadores y un escenario de 870 m2 muy versátil, ya que éste se puede adelantar y cubrir el foso para la orquesta.

La Sala Carlos Chávez se encuentra ligada a la Sala Miguel Covarrubias a través del vestíbulo del mezzanine, tiene una capacidad para 163 espectadores y por su tamaño resulta ideal para la acústica e intimidad de la música de cámara.

Espacio Escultórico

Fondo Reservado de la
Biblioteca Nacional

Proyectada en el costado oriente de la Biblioteca Nacional, construída varios años antes, se integra a la misma por un túnel que va desde la planta basamento de esta última hasta un vestículo exterior, el cual está formado por con un paraguas que es una pirámide invertida, escalonada y metálica. Así, este elemento funciona como una articulación dinámica, que por su calidad escultórica, se convierte en un elemento estético que armoniza a los dos edificios, buscando la integración de este nuevo edificio con el conjunto.

El Fondo Reservado, como el resto de las estructuras que componen el Centro Cultural Universitario, tiene un estilo propio, caracterizado por los acabados de concreto aparente, colado en encofrados de profundas estrias que se integran con la roca volcánica y que proporciona una uniformidad y armonía de los grandes espacios abiertos de esta zona al sur de la Ciudad de México.

Predomina en el nuevo edificio, el círculo, que con su línea suaviza y se integra al edificio de la biblioteca equilibrando al conjunto, como si siempre hubiera estado ahí complementando las líneas rectas y ángulos marcados por el edificio adjunto.

Espacio Escultórico

Escultura incorporada al paisaje

A esta integración al conjunto corresponde una distribución interna. Cada detalle estuvo pensado para darle un digno albergue en las mejores condicions a nuestro patrimonio bibliográfico y hemerográfico, que, además de contener diversas fuentes de información, traza los pasos de nuestra cultura desde tiempo atrás. La planta del edificio fue respetada en los tres niveles, sufriendo pequeñas variantes para lograr espacios ideales para las diferentes tareas.

El Espacio Escultórico

El Espacio Escultórico es lo que podría calificarse como un "museo" al aire libre.

Realizada por un estupendo grupo de artistas plásticos contemporáneos, Mathías Goeritz, Manuel Felguérez, Sebastián, Helen Escobedo, Hersúa y Federico Silva, -que coordinó el equipo-, constituye una obra de gran fuerza creativa.

El Centro lo constituye ese gran círculo en dónde se aprovecha la magnífica expresión de la roca volcánica, abrazada por una serie de pirámides que parecen trasladarnos a nuestra cultura mas antigua. Se funden aquí la obra del hombre y la naturaleza en una sola para crear un espacio de singular belleza.

Arquitectura y escultura en el Centro Cultural

Está complementado por las esculturas individuales que se encuentran en los senderos del jardín en un área considerable, que constituye un acervo artístico importante en la Universidad.

Es necesario que mencione finalmente la importancia que tuvo la creación de la Ciudad Universitaria. La concepción que buscaría más que nuevos espacios con la más moderna tecnología, lograría la cohesión de su población, y tocar del alumno las fibras que lo movieran al servicio de la comunidad nacional.

La función para la que fué creada, la sigue cumpliendo, no sin pocos problemas, entre los que sigue afrontando los de la excesiva demanda. Sin embargo, sigue siendo hasta hoy la casa que abre sus puertas a todo aquel que desee pertenecer a ella.

La Ciudad Universitaria en 1994
Felipe Leal Fernández

Facultad de Medicina

Soy universitario desde 1976, llevo 18 años acudiendo ininterrumpidamente a ese fantástico lugar denominado C.U. -Ciudad Universitaria-; debo confesar que aún existen espacios que ignoro y lo que conozco y redescubro día con día no han restado mi capacidad de emoción y sorpresa.

Las impresiones que he mantenido sobre la arquitectura de Ciudad Universitaria han sido oscilantes y variadas; Se han visto modificadas en relación con cierta pérdida de mi ignorancia arquitectónica. Hablar de Ciudad Universitaria a 40 años de su inauguración resulta un reto, y para afrontarlo como tal, me propongo una doble estrategia, la primera verá el objeto arquitectónico bajo una interpretación actual, la segunda observará la relación entre el objeto y sus usuarios: nuestra comunidad universitaria.

¿Cómo observamos o conocemos las cosas? Sin duda de múltiples formas. A las personas las conocemos por sus actos, platicando con ellas, conviviendo, interactuando, escuchándolas. A los edificios, como seres vivos que se convierten al albergarnos, los conocemos recorriéndolos, estando en ellos, atravesándolos, usándolos,

Unidad de Seminarios

haciendo que sean parte de nosotros mismos. Los arquitectos debemos comprender que las construcciones son seres muy delicados y más delicado aún la relación que establecen con sus usuarios, de ello podríamos desprender muchas conjeturas.

Al igual que las personas, los edificios producen sensaciones de afinidad, rechazo o indiferencia. La impresión que nos brinda Ciudad Universitaria, es la de una imagen abierta, amable, generosa que invita a entrar, a pasear en ella, a interactuar con sus formas y sus múltiples espacios.

Mario Pani y Enrique Del Moral le nombran la ciudad interior; así es, es una ciudad interior a la ciudad de México, es una ciudad inscrita en otra ciudad, pero a diferencia de otras, no le da la espalda, no se encierra, ni se envuelve hacia todos sus extremos. Está contenida con magistral sutileza, sus bordos o límites se desvanecen, en apariencia no existen; son semivirtuales.

Al interior del conjunto se nos presenta una dicotomía: se está en el interior, pero a su vez ese interior es un exterior, nos acompañan las vistas a lontananza; los puntos cardinales nos hacen evidente nuestra ubicación en el valle, la obligada referencia a los volcanes -cuando se logran ver- y al Ajusco, nos recuerda ser habitantes del valle, pero a la par, ser

Museo Universitario de Ciencias Universum

habitantes diurnos de nuestro subvalle -el universitario-: la Ciudad Universitaria asemeja ser un valle inscrito dentro de otro valle.

¿Cómo somos recibidos? Se nos recibe con los brazos abiertos, se nos acoge por medio de sus amplias escalinatas y plataformas que al estructurarse forman espacios que nos permiten observar lejana y cercanamente sus jardines, sus edificios sembrados racionalmente y vestidos de murales con soportes prefigurados para su sustento, sus espejos de agua dialogando con los edificios y la naturaleza.

En la Ciudad Universitaria recuperamos varias de las actividades urbanas prácticamente extinguidas de la cotidianidad urbana de nuestra ciudad, la posibilidad de caminar, de recorrer, de atravesar sin obstáculos aparentes, de pasear en ella, es un paseo *"una promenade"* nos recordaría Le Corbusier.

Todos padecemos el ritmo agitado que nos impone esta ciudad; Ciudad Universitaria ofrece la posibilidad de romper con él. Nuestros movimientos se distensan, se aligeran y a pesar de resistirnos, el entorno es tan condicionante que nos serena, es un filtro entre la ciudad y nuestra segunda casa, la académica. Es un sitio que produce un ambiente peculiar que lo tributa al estudio. Pasear por estos terrenos,

Escalinata y plaza en el paisaje

seáse o no universitario, haciéndolo a pie, en bicicleta, en automóvil o en autobús es una auténtica aventura. Su paisaje inmediato, la lava volcánica al natural que de pronto cobra forma de muros y edificios, coexiste con la exuberante vegetación del Pedregal y la esbeltez de sus edificios originales, edificios que como árboles que se erigen sobre sus troncos y de ellos desarrollan su fronda, los edificios elevados por sus columnas -pilotes- permiten ser franqueados por debajo y ofrecer al espectador una sexta fachada.

Es difícil encontrar un lugar con tanta fluidez que permita ser recorrido, las posibi-lidades para llegar de un edificio sembrado en el *campus* a otro son múltiples -seguramente muchos de nosotros nos hemos enfrentado a la difícil tarea de explicarle a un visitante cómo puede llegar a determinada facultad. Antes de explicar el cómo, primero tomamos aire y nos aparecen tres ó cuatro opciones viables, una vez lograda la indicación elegida dudamos que aquella haya sido la alternativa-.

Al encontrarnos en el *campus* la evocación de las explanadas prehispánicas es inevitable, su entorno se ve reforzado por las plataformas y escalinatas pétreas, rodeado de edificios donde se asientan hoy las llamadas facultades, escuelas,

Area de la Biblioteca Central

Torre que fue de Ciencias

torres, bibliotecas o auditorios, que análogamente podrían ser los templos que rodean la explanada de Monte Albán o la Calzada de los Muertos de Teotihuacán.

En ese espacio, el multicitado *campus* y del cual una de sus virtudes es haber negado la circulación vehicular, al lograrse un circuito perimetral, observamos un espacio abierto pero contenido, un espacio semivacío, pero que está lleno, que lo tiene todo.

A diferencia de otros conjuntos diseñados para fines precisos, ya sean centros hospitalarios o conjuntos habitacionales -con la honrosa excepción de la Unidad Independencia-, la Ciudad Universitaria ha resistido el paso del tiempo: el conjunto original ha sabido envejecer y ha envejecido como los buenos vinos, cada día con mejor sabor y color. Si uno observa la torre de Rectoría, bien podría ser un edificio contemporáneo, actual, con el apoyo de un factor que en ocasiones no siempre ayuda: el tiempo, *"el tiempo también pinta"* diría Goya. El edificio de Rectoría es un inmueble que ha madurado, se ha encanecido con ese señorío de estar al día: sus volúmenes en placa, las bandas para recibir los murales, la nitidez compositiva de la escalera, demarcando cada uno de sus niveles, los laminados de ónix y su peculiar

Facultad de Química

Facultad de Médicina

manguetería, lo convierte en un hito o punto de referencia a la par que la Biblioteca Central.

Frank Lloyd Wright decía que algo de lo más complicado en arquitectura es que los edificios den vuelta, es decir, que sus fachadas se continuen al doblarse para formar un todo; el volumen de la torre de Rectoría y la Biblioteca Central podrían girar sobre su propio eje como si fuesen esculturas giratorias y uno como observador se percataría de la continuidad formal y temática de sus caras, pero lo que sucede, como lo dejó plasmado Juan O'Gorman en el costado sur de ese edificio mural o mural biblioteca, es que los que nos movemos alrededor del sol y de los edificios somos nosotros.

La Ciudad Universitaria puede enorgullecerse por muchas razones, pero sin duda una de las mayores es haber logrado la fusión entre la modernidad y la explotación de los materiales y técnicas que nos son afines.

La Ciudad Universitaria ya resistió la vuelta de la tuerca de casi medio siglo: parte de sus soluciones son tan actuales y vigentes como hace 40 años. Dice el refrán que los clásicos siempre serán los clásicos y el conjunto se inscribe en esa tradición.

181

Centro de Enseñanza de Lenguas Extranjeras

La primera interrogante que me asalta es la siguiente ¿por qué no todos los universitarios compartimos este espacio central? ¿por qué con una población universitaria desbordada la explanada de la Rectoría y el *campus* están semivacíos? No me refiero a que no exista actividad ni que numerosos universitarios se apropien de él, sino que no corresponde proporcionalmente con la población actual. Los orígenes y consecuencias de ellos son muy variados.

A lo largo de los 18 años que llevo relacionándome con estos espacios, he sido usuario periódico de varios recintos; recuerdo entre ellos

la Facultad de Filosofía y Letras, el Centro de Enseñanza de Lenguas Extranjeras, Diseño Industrial, la nueva Facultad de Ciencias, el Instituto de Física y desde luego la Facultad de Arquitectura. Espacios que he percibido con diferencias notorias.

Existen algunos en los que se respira una atmósfera particular: son aquellos espacios vinculados o cercanos al *campus*; recuerdo haber tomado cursos de Estética en la Facultad de Filosofía en un salón de los múltiples que tienen el llamado "ferrocarril de humanidades", los cuales se caracterizan por tener un gran ventanal del lado sur viendo hacia el *campus*;

Aulas en la Facultad de Filosofía

Instituto de Química

siempre pensé que era un hecho de congruencia universitaria, tomar una clase de Estética con ese escenario, la Biblioteca en un primer plano, la torre de Rectoría atrás, asomándose discretamente el Museo Universitario y todo ello rematado por el Estadio Olímpico.

Es como estar en el balcón viendo lo que sucede en la plaza, la seguridad que produce en los humanos realizar una lectura global del espacio es ancestral e insustituible.

La casa que quiero...
que se vea ciudad
desde la ventana

que se oiga el clamor
de guerra o de fiesta
para estar listo
si llega una gesta.

Joan Salvat Papasseit.

Difícilmente algunos de los nuevos edificios construídos fuera del *campus* gozarán de tales virtudes.

Los nuevos circuitos universitarios donde se asientan los institutos de las disciplinas científicas y de humanidades, algunas facultades, centros, anexos y el Centro Cultural carecen de   183

Instituto de Química

unidad, su única unidad es el manejo excesivo de una volumetría con piel de concreto y un cordón vehicular que forma varios circuitos, pocas de las virtudes del conjunto original están aquí presentes. Sus problemas son variados, parten de uno muy complejo, los terrenos donde se emplazan son mucho más accidentados por lo que la traza y longitud de los circuitos hace una zona fundamentalmente vehicular e inaprehensible para el peatón. Dadas las distancias y la abrupta topografía que habría que salvar, los universitarios recorren a un costado de los arroyos vehiculares su paso entre dependencias teniendo como objetivo buscar un medio de transporte.

Este hecho además de no entrelazar peatonalmente a las facultades e institutos por medio de algún corredor, espina o andador general, condicionan a estos conjuntos a tener un carácter eminentemente vehicular. Además de alejarnos del *campus* y diluir su importancia como centro de integración comunitaria.

Menciono algunos factores que han vulnerado la esencia del *campus*. El crecimiento desmedido de la población universitaria: Originalmente se calculó para 25,000 estudiantes, lo que originó tempranamente la creación de anexos o agregados;

2. No considerar en el programa original el explosivo crecimiento e importancia que ten-

Area central del *campus*

drían las disciplinas científico-tecnológicas. El avance tecnológico rebasó los espacios construidos para laboratorios e Institutos de Ciencias. Hecho que repercutió en la necesidad de construir un nuevo circuito, el de la Investigación Científica.

3. No haberse construido el Aula Magna o Auditorio que estaba proyectado al lado poniente de la Biblioteca Central o al lado norte de la Rectoría.

Edificio que de haberse construido hubiera logrado de la explanada de Rectoría una verdadera plaza de actividades comunitarias, con la presencia de la Biblioteca Central, la Rectoría, el Museo, la zona comercial y la Terminal de Autobuses, un conjunto de servicios culturales, administrativos y comerciales que quizá no hubiera generado la necesidad de construir un Centro Cultural alejado del *campus*.

4. La extensión de la mancha urbana de la ciudad de México, al grado que los terrenos universitarios quedaran totalmente cercados bajo la presión especulativa ejercida por el capital inmobiliario. Razón que obligó a ocupar sus extremos con nuevas edificaciones.

5. La construcción de las estaciones del Metro hacia los costados oriente y sur oriente

Centro de Enseñanza de Lenguas Extranjeras

del *campus*, negó la entrada principal por Av. Universidad, haciéndole una entrada indefinida por su parte trasera aunado a ello la desaparición de las líneas de trolebuses por Av. Universidad, que llegaban a la entrada principal de Ciudad Universitaria y la de los tranvías por Av. Revolución teniendo su terminal en las inmediaciones del estadio.

6. El retiro de recintos universitarios asentados en el centro histórico de la ciudad de México, tales como la Biblioteca y Hemeroteca Nacional, ya que al trasladarse al Centro Cultural Universitario se vió menos mermada la actividad de la Biblioteca Central.

7. El vandalismo y los problemas sociales han dejado su huella física, el sin número de rejas, protecciones, bardas, cercas, celosías, casetas de control antes inexistentes están hoy por doquier. Tales elementos contradicen el espíritu del conjunto, cuya intención es lograr un flujo libre y abierto de las circulaciones y del disfrute y transparencia del paisaje, con ellos se aísla aún más el *campus*, al construir cercas parciales a su entorno que obstaculizan sus accesos mediatos.

8. La inutilización de la terminal de autobuses inside sobre la zona comercial, el Museo Universitario y la importancia jerárquica del *campus*.

Facultad de Contaduría y Administración

Instituto de Investigaciónes Filosóficas

9. El paulatino y constante retiro de dependencias de la zona central hacia los nuevos circuitos, distancia a los estudiantes de espacios que compartían con las autoridades, tal es el caso de el vestíbulo de Rectoría, donde el estudiantado realizaba trámites administrativos.

Una comunidad para desenvolverse debe compartir el bien común, los espacios testifican y dan muestra de ello invariablemente.

Cada uno de los factores anteriores tienen su justificación en lo particular, pero al unir todos, el problema se torna complejo. Sabemos de sobra que los edificios son seres vivos, que requieren ser modificados y sufrir ajustes para ser utilizados con fines distintos a los que originalmente se destinaron, esto le está ocurriendo a nuestra Ciudad Universitaria, pero como está sucediendo es riesgoso, ya que a futuro cada vez menos universitarios gozarán de esa peculiar arquitectura que dio origen a la Ciudad Universitaria.

"La forma de la ciudad cambia más de prisa que el corazón de un mortal"

Julien Gracq
La Forme d'une Ville.

Facultad de Arquitectura

Durante los últimos cuarenta años a la par que la ciudad de México, la Ciudad Universitaria ha crecido mucho más de lo previsto. A ambas las presiones de crecimiento las hicieron reventar, crecieron explosivamente hacia sus extremos de forma fragmentada minando día con día sus espacios de cohesión, de encuentro o de reunión. Insisto en el tema de los espacios de encuentro, ya que las aulas, los laboratorios, talleres, cubículos y demás espacios de la práctica académica son nuestras pequeñas habitaciones donde residimos dentro de una casa llamada escuela, facultad o instituto que junto a sus semejantes tejen aquello que conocemos como ciudad, el espíritu de la ciudad es el conjunto y lo que en el conjunto sucede. No es restarle importancia a los espacios íntimos y cotidianos, en ellos cada comunidad se apropia y reconoce como tal algunos sitios o puntos como suyos, por ejemplo pondríamos el llamado "Aeropuerto", sitio de convergencia de los estudiantes de Filosofía y Letras, o la Fuente de Prometeo, en la exfacultad de Ciencias, la cual tuvo que trasladarse como elemento simbólico a la nueva sede de esa facultad.

Aquí valdría preguntarse, qué misterioso hecho existe en el ámbito de las comunidades para que la gente se reúna en determinado lugar y más tarde lo identifique como su elemento de identidad.

Instituto de Geografía

El recuerdo que nos acompaña siempre de una ciudad, independientemente de particularidades es el de su traza, su emplazamiento, plazas, monumentos o lugares públicos. Por ejemplo: a Nueva York lo identificamos por el Central Park, a Venecia por la Plaza de San Marcos, a Roma por la Plaza de España o el Coliseo y así podríamos continuar interminablemente.

"De las ciudades, lo que más
me gusta son las calles, las
plazas, la gente que pasa delante mío
y que seguramente ya no veré

más la aventura breve y maravillosa,
como fuegos de artificio,
los restaurantes, los cafés y las librerías.
En una palabra todo lo que significa
dispersión, juego de intuición,
fantasía y realidad".

Josep Pla, Cartes de lluny

Hoy los estudiantes fantasean con la posibilidad de los encuentros multidisciplinarios, del cruce entre facultades, ese anhelo de ágora griega que puede ser el *campus.*

191

Fronton Cerrado

Facultad de Arquitectura

El desconocimiento sobre el quehacer de otras facultades ha generado inquietud por saber como son los estudios y los hábitos del mismo. La dimensión y lo especializado de las nuevas edificaciones hacen impensable que el *campus* sea un punto de contacto cotidiano de todos los universitarios, pero sí podría pensarse el relacionarlo con una serie de servicios múltiples y colectivos inherentes a la propia universidad con un espacio que le es ya simbólico; su plaza mayor.

En fechas recientes los estudiantes de arquitectura han realizado una variedad de proyectos relacionados con nuestro entorno inmediato; el recinto universitario del Pedregal, a este paquete de proyectos se le ha denominado "sitios de encuentro entre los universitarios" el cual responde a la necesidad de aprovechar espacios potenciales para usos de la comunidad. Asi se han abordado temas como el reacondicionamiento de la Cafetería Central, del Comedor Universitario y sus requeridas articulaciones; puentes, andadores, controles vehiculares, apeaderos de transbordo, módulos para diversos servicios, etc. Es de sorprender el aprecio que produce entre los estudiantes su *campus* en general. Las recientes generaciones revaloran y hacen una nueva lectura de esa

Teatros en el Centro Cultural

arquitectura con particular cercanía. Su relación con ella es cada día más consciente, distinguen con facilidad los lamentables agregados que se le han hecho al conjunto a manera de pólipos.

Todos hemos visto como se han construido parches, cerrando patios circundantes o agregándole volúmenes malogrados a edificios cuidadosamente diseñados.

Al igual que la ciudad de México, que actualmente busca encontrar un mecanismo para crecer hacia su interior, con el objetivo de no atomizarse más y recuperar sus símbolos de cohesión socio-espacial, nuestra Ciudad Universitaria debe contemplar algo semejante,

recuperar comunitariamente su pasado, ya que a lo largo de estos cuarenta años ya creó su zona histórica.

Los universitarios nos desenvolvemos dignamente en los espacios que nos corresponden, pero cada día también se acrecienta como única relación con Ciudad Universitaria la facultad, centro o instituto al que pertenecemos, unas en mayor o menor medida de acuerdo a su ubicación física.

Desde luego que el *campus* no es toda la Ciudad Universitaria, es su signo, su símbolo sin duda alguna, su entorno actual de actividades universitarias se ubica sobre todo hacia el sur

193

Instituto de Investigaciones Filosóficas

Conjunto de Institutos de Investigación

con los circuitos nuevos y hacia el poniente con el Estadio, el Jardín Botánico, la Unidad de Seminarios y zonas deportivas anexas.

Se percibe en la amplitud de los terrenos universitarios una gran vitalidad y movimiento, es un centro de estudio, trabajo y recreación, vivo, en eterna actividad, cada uno de sus espacios con sus usuarios y horarios característicos. Lineas atrás comentaba sobre las virtudes que sobre la ciudad de México tiene este conjunto, el de permitirnos pasear, caminar, deambular, etc. Lo reitero reforzándolo con la apreciación de que hablamos de un espacio incluyente, no excluyente. En el conjunto tiene

uno la sensación de poder entrar o detenerse en cualquier punto.

Homenajeando aquellos fantásticos recorridos parisinos que nos narraba Julio Cortázar que hacían "la Maga y Horacio" en su novela *Rayuela*, donde nos hace ver con esa mirada jovial los espacios y ambientes de los jóvenes -no necesariamente cronológicos sino de actitud- podemos recrear lo que es un día en la Ciudad Universitaria.

Desde las 6:30 de la mañana llegan en tropel grandes grupos de estudiantes y trabajadores expulsados por el Metro, colectivos, autos y autobuses y se diseminan por el *campus*

Escultura y arquitectura en el paisaje

y los circuitos caminando agitadamente, no con la prisa relajada del maratonista o atleta que corre por las vialidades como si estuviese en el campo, vemos todo tipo de deportistas; futbolistas, nadadores o gimnastas. Horas más tarde el perfil se modifica, la actividad académica entra en uno de sus puntos pico, las aulas repletas, los circuitos y estacionamientos atestados de autos, los repartos requeridos para su funcionamiento se hacen sentir por vehículos ajenos. Más adelante, hacia el mediodía los flujos se reactivan, aparecen reacomodos en los espacios, el *campus* y las zonas jardinadas o de descanso reciben sus primeros visitantes, estudiantes desmañanados, hambrientos o sedientos buscando resolver esa incomodidad, parejas brindandole tiempo al amor, paseantes, lectores, etc. A estas horas también las bibliotecas, centros de cómputo, museos, galerías, auditorios y teatros succionan de las aulas a sus usuarios, visitantes o público. Al presentarse el cambio de turno, lo anterior se desvanece y la estafeta vespertina con cierto esfuerzo va tomando brío hacia la media tarde, punto de su clímax, acompañado por actividades de extensión de la cultura y de las especializaciones; Cronos registra que a la par que el día, los usuarios también ya están vespertinos en sus vidas. La luz artificial

Estadio Olímpico y Bliblioteca

da un toque particular al lugar, grandes ventanales que iluminados en su interior operan como lámparas hacia su entorno, un conjunto de lámparas edificadas, que en ocasiones se ve acompañado por la intensidad lumínica del estadio.

El flujo reaparece pero en esta ocasión con la voluntad del descanso. En los fines de semana, los espacios deportivos, de recreación y culturales solicitan y logran tener primacía, son indudablemente sus días.

Los ciclistas sitian el Estadio dándole una y mil vueltas, los aficionados al futbol ingresan en él, las zonas deportivas ni hablar, el Centro Cultural y el Espacio Escultórico se convierten en anfitriones de la actividad cultural del sur de nuestra ciudad, algunos prados y jardines también son depositarios de visitantes externos pero cercanos físicamente que buscan refugiarse en una zona verde. Los enamorados y familias también son usufructuarios de este patrimonio. El *campus* como gran señor, los domingos descansa.

Créditos fotográficos

LA ARQUITECTURA DE
LA CIUDAD UNIVERSITARIA
es una edición conmemorativa por
el XL Aniversario de la Ciudad Universitaria.
Se terminó de imprimir en
febrero de 1995
en los talleres de
Offset Setenta S.A. de C.V.,
El tiro consta de 2,000 ejemplares,
para su composición se usó
el tipo Garamond de 12 pts,
sobre papeles
Magnomatt de 135 y 250 grs.
y Torreón de 80 grs.

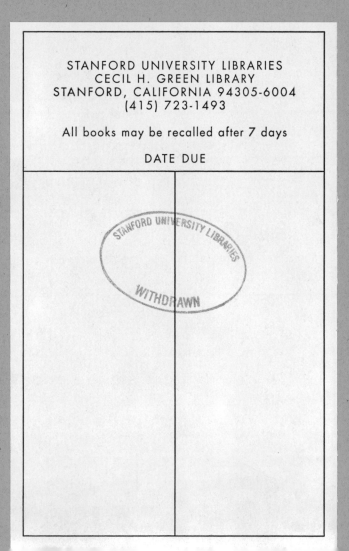